エンゲージメントを高める

# あそぶ社員研修のススメ

赤坂大樹
AKASAKA DAIKI



幻冬舎MC

# はじめに

少子高齢化による人手不足が顕在化した昨今、社員が退職するばかりで新たな人材を採用できず経営の悪化に陥る企業が増加しています。

こうした人材難に苦しむ企業の間で、その解決策として重要性が叫ばれているのが社員の「エンゲージメント」を向上させる取り組みです。エンゲージメントとは社員の企業に対する帰属意識を表す指標で、これが高い企業は離職率の低下や生産性の向上といった、プラスの作用がもたらされることが分かっています。

しかし、残念ながら日本企業はまだまだこのエンゲージメントが低い状況にあります。アメリカで世論調査や人材コンサルティング業を手掛けるギャラップ社が2021年に調査したエンゲージメントの国際比較結果によると、日本企業において「エンゲージメントが高い社員（士気・熱意がある社員）」の割合は5％しかないことが分かりました。これは調査対象129カ国中128位で、諸外国と比べても極端に低い水準です。

この状況は日本企業の課題といえますが、逆にいえばエンゲージメントを改善して既存の人材を有効活用できれば、人材難が続く現代においても企業を成長発展に導くことができます。

私は企業や自治体向けに多様なあそびを企画・提案・運営する「あそび総合カンパニー」の代表を務めています。あそびを通した社員研修プログラムや社内イベントサービスを提供することで、これまでに数多くの企業の経営課題解決をサポートしてきました。ここ数年は社員のエンゲージメント向上のために利用する企業が増え、実施後に社員同士の交流が深まり本音や意見を言い合えるフラットな関係性の構築につながったとの声を聞くことも多く、「あそぶ社員研修」はエンゲージメント向上に極めて有効な取り組みであると考えています。

あそびは役職や年功序列を取り払い、全員がシンプルなルールに則って平等な関係で取り組むことができます。チャンバラ合戦や謎解き脱出ゲーム、運動会やサバイバルゲームといったあそびを通すことで、仕事上の関係だけでは分かりにくい相手の人間性を知ることができ、互いの理解を深めることができます。この点は、教える側と教えられる側に分かれて指導を行う一般的な研修とは異なる、あそびの大きなメリットといえます。

さらにゲームの最中に、チーム内で話し合ったり戦略を練ったり役割分担をしたりすることで、普段の仕事では直接関わらない部署の人とも交流が生まれます。上司や部下など階層にとらわれないコミュニケーションが発生するため、業務にもその経験が活かされ、社内の連携が良くなる効果もあります。

私は企業がもっとあそびをうまく活用して社内を活性化することができれば、社員の帰属意識が醸成されエンゲージメントの向上につなげることが可能だと考えています。

本書では「あそぶ社員研修」がどのようにしてエンゲージメントの向上に役立つのかを詳しく解説します。また実際の事例を挙げながら、その企業がどんなあそびによって、どう変化したかについても紹介します。社員のエンゲージメントに課題を抱えるすべての企業にとって、あそびが効果的な解決策の一つになれば幸いです。

エンゲージメントを高める　あそぶ社員研修のススメ　目次

［第5章］　企業がもっと「あそび」に目を向ければ、日本はもっと元気になれる

［第1章］

# 社員エンゲージメントの低い会社には共通点がある

## やる気のある社員は5％――日本企業の現実

企業活動において、いうまでもなく社員のやる気はとても重要です。商品・サービスの開発に集客力、ブランドイメージと、どれをとっても社員のやる気によって最終的なアウトプットの質は大きく変わります。しかし、残念ながら多くの日本企業では社員のやる気を引き出せていないようです。

世論調査や人材コンサルティング業を手掛けるアメリカのギャラップ社が行った大規模な調査によると、世界各国の企業を対象にした社員の仕事への熱意度の聞き取りで、日本は熱意のある社員の割合がたった5％しかいませんでした。アメリカは34％、世界平均は20％なので、日本の数値は大幅に低い結果です。ちなみに、5％というのは2021年の結果で、2017年の同じ調査では6％でした。4年間で日本人のやる気はさらに低下しているわけです。多くの社員を抱える企業において、100人中たったの5人しか仕事にやる気がないというのは衝撃の結果です。最も数値の高い、アメリカにおいても3人に1人しかやる気がないという結果なので、日本人の消極的な国民性から考えると多少は結果を割り引いて見る必要がありそうですが、いずれにしてもこの強烈な結果が指し示すのは、日本企業は社員のやる気を引き出せていないということです。

やる気の有無は、例えば無難な仕事しかしない、うまくいかないことがあるとすぐメンタルが弱る、職場での人間関係に無関心であるといったことに表れます。こうした人に関するマネジメントの問題は、個人の性格や能力の問題のようにも見えますが、実のところ会社側の問題として考えなくてはなりません。

人それぞれ意欲の高い・低いに差はあるにせよ、最初は誰しも仕事を頑張ろうと前向きな気持ちで会社に入ってくるものです。それがいつしか途中で気持ちが変わったり、下がっていったりするということは、会社が社員に仕事のやりがいや面白さを十分に実感させることができていないということにほかなりません。

こうした背景のなかで、これまでは社員のモチベーションだけをどう上げるかが課題となっていましたが、近年はそこから進化した形でエンゲージメントという言葉に注目が集まっています。

## 日本の経営者の5割近くが注目する社員エンゲージメント

企業経営や人材マネジメントの分野でよく耳にするようになったエンゲージメントとは、会社に対する愛着や忠誠心といった概念です。愛社精神と説明されることも多く、基本的には人事やマネジメントのなかで用いられます。英語のengagementは婚約、誓約、約束、契約などの意味をもつ単語で、深いつながりをもった関係性を示すことから、会社と社員に対しての関係性を表す概念として使われています。

似たような言葉としてモチベーションがありますが、モチベーションとは異なります。モチベーションはあくまで本人のなかでの動機であるのに対して、エンゲージメントは会社や周囲の社員、関係者との間で生まれてくるものです。極端な話、モチベーションは会社や周りとの関係性は良くなくても、本人がモチベーションを維持して仕事しようとしている状態です。一方、エンゲージメントは、本人だけがやる気があってもエンゲージメントが高い状態とはいえません。会社や関わりのある人たちとの信頼関係から、仕事に対するやる気が自然と湧いているような状況が、エンゲージメントが高い状態といえます。

エンゲージメントの重要性については、すでに多くの経営者が気づいています。会計監査・総合コンサルティング会社のPWC Japanが実施した「2021年度世界CEO意識調査」を見ると、「会社の競争力を高めるために、人材戦略のどのような点を変えていきますか」という問いに対して、日本の経営者の45%が「従業員のエンゲージメントおよびコミュニケーション」と回答しました。世界全体の数値が30%であることと比較すると、日本企業がエンゲージメントに高い関心をもち、経営課題として取り組んでいる姿勢がうかがえます。

また、同調査では「従業員を増やす」と答えた日本の経営者は27%でした。世界全体では44%なので、世界と比較すると日本企業は新たに人員を採用するよりも、今いる人材のエンゲージメントを高めて競争力を高めたいと考えているわけです。

## 労働人口の減少と進む人材市場の流動性

そもそも、日本において社員エンゲージメントが重要だと考えられ始めたのは労働人口の減少がきっかけでした。団塊世代や団塊ジュニア世代を中心に人口ボリュームの多かった時代は、どの企業も採用や労働力確保にさほど苦労はしませんでした。募集をかければ人が集まり、終身雇用が基本だったので一度採用してしまえば長く勤務するのが当たり前だったのです。社員も年功序列で昇進していけるので、よほどのことがないと転職を考えることはありませんでした。ある意味、エンゲージメントが高かった時代ともいえます。

しかし、少子高齢化社会に入って現役世代が減少するにつれ、事情は変わっています。採用は売り手市場となり、より好待遇を求めたり会社になんらかの不満を抱いたりする人が転職をするのはいまや当たり前の時代になりました。企業は無数にある会社のなかから自社を選んでもらわねばならず、採用後も社員を自社につなぎ止めるために努力する必要が出てきたのです。

終身雇用が当たり前の時代では、社員が途中で辞めてしまわないようにどうすればいいかを考える必要性はさほどありませんでした。社員は一生その会社にいる前提で、自然と会社に貢献してくれたのです。しかし、現代では人材の流動性は当時と比較して考えられないほど高くなっています。会社への帰属意識、愛着といったエンゲージメントを高めて社員との結びつきをいかに強固にするかが重要になってきているというわけです。自社のファンになってもらい戦力として長く勤めてもらうことが、すなわち社員エンゲージメントが高い状態であり、さらに噛み砕いていえば、会社や職場の仲間のために貢献したい！という熱量の高い状態が理想です。

このような背景から多くの企業が社員エンゲージメントに関心を抱き、自社でもエンゲージメントを高めようとさまざまな取り組みをしているものの、一方でなかなか効果的な対策を打ち出せていない現状が、日本企業のエンゲージメントに関する関心の高さに表れています。

## モチベーションだけでは会社と社員はいい関係を築けない

また、人材の流出を防ぐこと以外にも社員エンゲージメントが注目されるようになった理由があります。最も大きな理由として、企業が社員のやる気を引き出すことを課題としていることが挙げられます。

仕事に対するやる気を左右する要因は、評価や報酬、職場の人間関係などさまざまありますが、これまではモチベーションだけが問題となっていました。そのため、仮に会社のことが好きになれない社員であっても成果に対しては高い報酬を約束することで、モチベーションを高く保たせることはできました。しかし、最近では高い報酬以外の要素、どれだけ働きやすいかやその会社の理念に共感できるかといった要素が給与と同じくらい重視され、高い報酬だけでは仕事に対するやる気が出ないという人が増えています。仕事や働き方に対する価値観が多様化したことでワークライフバランスを重視する傾向も強く、仕事だけに専念したいと考える人は減少する傾向にあります。ダイレクトリクルーティングサイトのあさがくナビが就職を控える学生を対象に行った2021年の調査では、内定先の企業に入社を決めた要因として、会社の知名度や給料よりも仕事内容や社員の人柄・雰囲気が重視されているという結果も出ています。

こうした傾向から人事においては、成果報酬制度にして結果を出した社員にボーナスを支給するというだけでは効果が長続きせず、社員のやりたい仕事やポジションを用意するなど人事考課を整備して評価を明確にするといった、より踏み込んだ取り組みも求められています。

そして、働き方の多様化もエンゲージメントの必要性を増す要因になっています。コロ

**内定先の企業に入社を決めた理由として**
**特に当てはまるものを教えてください。（単一回答）**

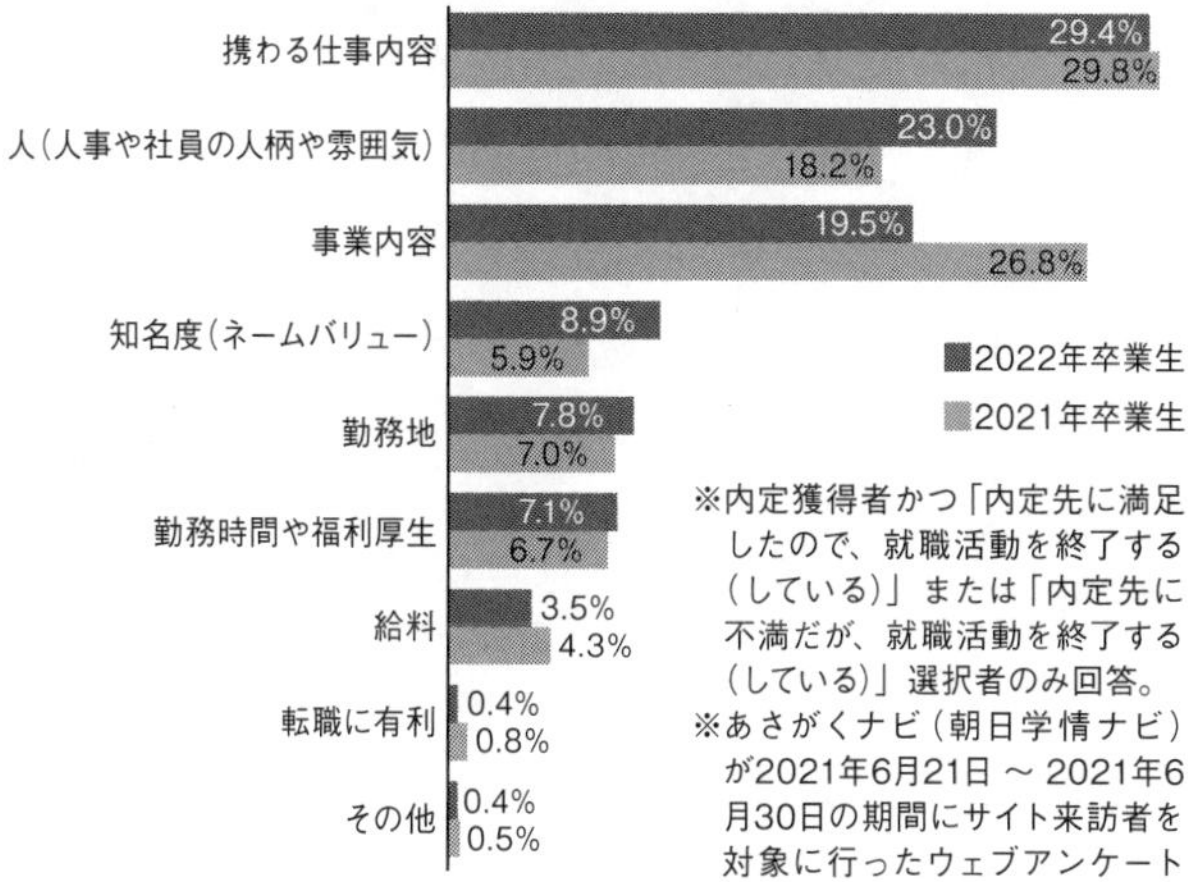


※内定獲得者かつ「内定先に満足したので、就職活動を終了する（している）」または「内定先に不満だが、就職活動を終了する（している）」選択者のみ回答。
※あさがくナビ（朝日学情ナビ）が2021年6月21日 ～ 2021年6月30日の期間にサイト来訪者を対象に行ったウェブアンケート調査の結果をもとに作成。

ナ禍によって定着しつつあるリモートワークでは、社員が会社に出社することが減り、同僚ともオンラインでの会議以外に顔を合わせる機会もなくなりました。今までどおりのやり方では会社と社員のつながりはさらに希薄化しかねません。採用時からフルリモートワークの社員も増加しており、大企業を中心にもはや後戻りはできない状態ともいえます。

　このように、社員のなかで職場や働き方に対する意識が大きく変化していることが、エンゲージメントが注目される理由です。

## 社員エンゲージメントが高まらない会社の共通点

世界的コンサルティングファームのウイリス・タワーズワトソン社は、2019年に発表した社員エンゲージメント調査結果のなかで、エンゲージメントの向上には「理解度」「共感度」「行動意欲」の3要素が必要だと提唱しています。それを参考に、社員エンゲージメントが低い職場でどのような問題が起こるのかを考えると、3つの共通した傾向が見えてきます。

### ●経営理念が浸透していない（理解度）

エンゲージメントが低い企業では、社員が会社の理念やミッション、バリューを具体的に理解できていない傾向にあります。よく経営理念を暗記させたり、朝礼で唱和させたりする企業があると聞きますが、それだけではここでいう理解にはつながりません。経営理念には経営者のどういう思いが込められているのか、なぜこの経営理念が大事なのか、理念の意味する真意とはなんなのかといったことを噛み砕いて説明し、行動に落とし込み体験する機会を作るなどして社員のなかに根づかせることが大事です。

**●組織や仲間に対する関心が低い（共感度）**

社員が属している組織への帰属意識や、ともに働く仲間に対しての愛着をもたず、関心が低い状態であることも考えられます。理解度が企業理念といった抽象的な概念に影響するものであるのに対して、共感度はコミュニティーと自分との関係性という、より身近でリアルな感情に影響します。

共感度を高めるには、ロールモデルになるような尊敬できる上司がいる、相談したり助けたりし合える仲間がいる、自分もみんなから認められている、職場が打ち解けた雰囲気であるといった要素が必要です。共感度が高くなるほど、組織にコミットする意欲も高まり一体感が生まれます。

**●受動的にしか仕事ができない（行動意欲）**

組織から与えられた以上の業務を行わず期待されている以上のことを進んでやろうとし

ない、いわゆる「指示待ち人間」の状態であるとも考えられます。

行動意欲を高めるには、成果に対する正当な評価、働きやすい制度や環境、やりがい、納得感のある役割やポジションなどを与えて、会社や組織に貢献したいという動機をつくり出すことがポイントになります。

これらの要素を高めるための土台となるのが個々のモチベーションと信頼感のある組織です。個々に対してモチベーションを向上させていく取り組みと、個を活かして力を結集できる組織づくりを同時並行で進めていくことがエンゲージメントにつながっていきます。

## エンゲージメントが低い社員が増えることの弊害

このようにエンゲージメントが低い社員が増えることでなにが起こるのかというと、多くの場合は社員個人の問題では終わらず、組織全体が劣化してしまうことが危惧されます。具体的には組織全体で以下のようなことが起こる可能性が考えられます。

・社員は一見真面目だが仕事が受け身で、責任のある立場やプロジェクトをやりたがらない
・理念や経営方針を理解せず自己中心的に動き、チームになじもうとしない
・内定辞退や新入社員の定着率が低い
・力のある社員、中核メンバーが辞めていく
・仕事覚えが悪くミスが多いため、安心して仕事を任せられない
・リーダーを育てたいのに伸びない
・会社を休みがち、上司が見ていないところでサボる

やる気や主体性、協調性などの低い社員がいると、組織全体の士気も上がりません。いくら人事が人材育成に力を入れても、自ら学ぼうとせず、アドバイスも右から左に抜けてしまって身につきません。主体性が低く与えられた仕事をこなすことしかできないのです。

また、求められるリーダー像も変わってきています。以前は、自分のキャリアや昇給の

ためにといったモチベーションでリーダーを目指す人がいましたが、今ではリーダーは面倒な役回りが多いので、リーダーにはなりたくないという思考の人も増えています。そうしたなかで、リーダーもチームのメンバーにどれだけ貢献できるか、どうすればチーム全員にとって良い組織にできるかといったサーバント・リーダーが求められるようになっています。そのためには社員一人ひとりのモチベーションを上げるだけではなく、社員同士の関係性にも注目したエンゲージメントがより重要になっているわけです。

チームで目標が達成できない、生産性が低いというのも、社員一人ひとりが目標を共有し、経営方針に基づいて行動しようとするマインド、つまりエンゲージメントができていないためです。

さらに離職においても、この会社で頑張りたいという意欲や会社への思い入れがないことから起こりますが、これらはまさにエンゲージメントの問題です。目標達成意識が低く、人が定着しない会社は成長が難しくなり、事業そのものが失速してしまいます。

## ピラミッド型組織の企業文化が自発性・主体性を阻害する

日本人は自己肯定感が世界的に見て低い国民性・文化だといわれていますが、その点を抜きにしてもやる気のある社員が5％というのはあまりに低過ぎます。

多くの専門家が指摘している原因として、社員の自発性・主体性が低いことが挙げられます。日本の会社員は真面目で勤勉ではあるのですが、与えられた仕事をこなす受け身的な姿勢が強く、上司が決めたことに従う傾向があります。これは日本企業が経営者を頂点としたピラミッド型の組織になっており、上司の意に沿うよう「忖度」や「根回し」することで業務が進んでいく特性があるためだと考えられます。仕事は上司の意に沿うよう行うという意識が日本人にはどうしても強いのです。欧米では日本とは対照的に細分化された小集団が独立採算制で運営するアメーバ型の組織が多く、チーム内で活発にディスカッションしながら是々非々で仕事を進めていくことが多いといわれています。

また、日本では組織の規模が大きくなるにつれ、部署ごとの完全な縦割りで業務が進んでいくことも一つの特徴といえます。部署ごとでやるべき業務範囲が区切られているため、それさえこなせばよいという考えになりがちです。自分の仕事にだけに意識が向くと、全体像をイメージした仕事にはなりにくいため、組織の歯車として目の前の仕事を淡々とこなすようになってしまうのです。

日本では社員が自発性・主体性を発揮しにくい企業文化があるのだということを経営者が理解し、それを変えていく取り組みをしていかねばなりません。

## エンゲージメントの低さは会社にとって深刻な問題

エンゲージメントの低い社員が多いことはその会社にとって危機的なことですが、問題そのものに気づいていない経営者や、気づいていても深刻さを過小評価している経営者、どのように解決していけばよいか分からない経営者が多いのではないかと思います。セミナーやビジネス書ではエンゲージメントが低いことに問題提起がされていても、どうすれば上がるのかなど、具体的な手法にまで触れられているものは多くありません。習ったとおりに当てはめてみても効果が出ない、むしろ逆効果になったという例もよく聞きます。

それにエンゲージメントは褒めれば上がる、ご褒美を与えれば上がるというような単純なものでもありません。学習塾のテレビＣＭで「やる気スイッチ」というキャッチコピーがありましたが、やる気スイッチは目には見えず、しかも人それぞれでオンになるポイントが違うので、パソコンの電源を立ち上げるように単純にはいかないのです。

とはいえ、なんとかしてエンゲージメントを上げていかなければ、急速に変わっている社員の意識、職場環境に対応していくことはできません。意欲の低さが組織全体に蔓延してしまう前に、少しでも早く有効な手を打つべきです。

## 強い組織に必要なのは、モチベーションではなくエンゲージメント

多様化した働き方や仕事に対する価値観によって、人材活用、マネジメントの分野はいまやモチベーションを上げることよりも、エンゲージメントを高めることが重要になっています。社員一人ひとりのモチベーションのレベルを高く維持できたとしても、それだけでは安心できません。モチベーションの高い社員はサボったり手抜きをしたりすることなく、真面目に自分の仕事をやり、きちんと成果も出してきます。しかし、個々の力だけでは大きなことはできないのです。個の寄せ集めは１＋１が２になるだけで、それ以上のパ

ワーは出せません。

それにモチベーションが高い社員というのは、自分の力を試したい、もっと大きな仕事や高い目標に挑みたい、今より認められたいという上昇志向が強いので、現職よりも良いポジションや給与を提示されれば、そちらの会社に転職していってしまう可能性をはらんでいます。優秀な社員が他社に流出することにより、単に自社の戦力がマイナスになるだけでなくライバル社に戦力が移行することになれば二重の痛手です。

だからこそ、経営者は社員のモチベーションを上げるだけで満足してはいけないのです。強い組織になっていくためには集団としての強い結びつきがなくてはなりません。

家族経営のような小さな会社では社員がまとまりやすいのですが、50人、60人を超えてくると部署や課ができ、それぞれが小さな組織になるのでほかのセクションとの意思疎通や連携が難しくなります。さらに規模が大きくなると事業部や支社のように独立した組織に分かれてしまうため、余計に足並みをそろえるのは困難です。

逆にいえば、もし大きな規模の会社の社員一人ひとりが仲間と力を合わせて良い仕事をしたい、会社が発展するために自分の力を使いたい、そうすることが自分の成長にもなるというマインドをもつことができたなら、その会社は爆発的なパワーを生み出せます。自ら課題を見つけて解決し、互いに高め合って成長していける自走型組織になれるからです。自走型組織では人材の無駄がなくなり、1＋1以上の大きなパワーを発揮することができます。1000人規模の会社なら何千馬力ものパフォーマンスが出せるのです。そのような組織をつくるために必要なのがエンゲージメントなのです。

［第2章］

# 生産性アップ、人材育成、離職率の低下
# 企業の成長には
# 社員エンゲージメントが不可欠

## 社員エンゲージメント向上がもたらす5つのメリット

社員エンゲージメントが高まることで、会社には主に5つのメリットがあります。

### ●モチベーション維持

誰でも意欲は高まったり低まったりの波はありますが、エンゲージメントの高い職場では励まし合ったり、競い合ったりして互いに刺激を与え合うことができ、組織のなかで個人が成長することが期待できます。結果として個々人のモチベーションの維持がしやすくなります。

### ●業績改善

エンゲージメントと会社の業績には相関関係があることが明らかになっています。論拠として、2012年に組織人事のコンサルティングファームであるタワーズワトソン（現ウイリス・タワーズワトソン）が発表した資料が挙げられます。それに掲載された50のグローバル企業への調査結果によると、持続可能なエンゲージメントのある会社は、そうでない会社と比べて業績が3倍も高いということが分かりました。

**●人材定着・離職率の低下**

愛される職場・会社づくりをすることで人材が定着し、離職率が改善します。離職率が下がるということは経験値の高い人材が増えること――つまり業務の効率化や安定化がかないます。結果として商品・サービスの質が向上し、顧客満足度が上がり、ヘビーユーザー、リピーターの獲得につながります。

**●採用力強化**

社員がいきいきと働き、業績も順調な会社は就活者に魅力的に映ります。自分も入社すればスキルやキャリアを伸ばしていけるというビジョンが描きやすいためです。

エンゲージメントの高さというのは、数字で評価しなくても会社が放つ、前向きなパワーや社員たちの表情・働きぶりなどから、外側にいる人間にも自然と伝わるものです。

また、現代ではＳＮＳなどで絶えず社員の状況は周囲に拡散されます。若くて元気な新入社員が多く集まり、定着することは会社の採用力向上を考えるうえで重要なファクターになります。

## ●組織の活性化

エンゲージメントの高い社員が増えてくると、周りのメンバーにも良い影響をもたらし、エンゲージメントが未開発の社員もレベルが引き上がっていきます。そうしてエンゲージメントの輪が広がり、組織全体の文化が醸成されていきます。そしてエンゲージメントが向上した組織は、チームのなかで建設的なぶつかり合いが行われます。

心理学者のブルース・Ｗ・タックマンが提唱した「タックマンモデル」（１９６５年）などで示されるとおり、適切な混乱や葛藤を経たチームのほうが結果として高い成果や目標を達成できることが分かっています。ぶつかり合って意見を擦り合わせたり、試練を一緒に乗り越えたりすることでより強いチーム、組織をつくり上げることができます。

## エンゲージメントが育つと社員のなかに経営者視点が生まれる

社員が会社に対してエンゲージメントを抱くと、会社のためになにができるかと考えるようになります。もっと良い仕事をして会社の発展に貢献したい、役に立って周囲を喜ばせたい、会社全体で成長していきたいという気持ちが高まり、自分がどう行動することが会社のためになるのかを考えるようになります。また経営陣が自分になにを求めているのかにも意識が向きます。つまり、社員のなかに経営者視点が生まれるということです。

経営者視点がある社員は目先の仕事だけでなく、もっと俯瞰的な視野で物事をとらえ、全体最適志向で考えます。今の会社に足りないものはなにか、組織がどうあるべきかという全体最適志向で考えていくと、会社にとって本当に必要なアクションをとるようになります。自分で課題を見つけて解決していける自律・自走型の社員になっていきます。この状態こそが理想の社員エンゲージメントです。

自分のためだけにする仕事はしばしば利己的で足し算の仕事になりがちですが、仲間とともに成長したい、会社を良くしていきたいという思いが加わることでさまざまな間接業務が円滑になったりチームで成果を出せるようになったりして、掛け算の仕事になるのです。

## エンゲージメントが高くなれば業績も上がる

高いエンゲージメントをもった社員が社内で増えていくと、会議でも積極的な発言が増え、前向きなディスカッションが見られるようになります。なんでも言い合える風土が育まれるにつれ、上司に対しても率直に意見や要望が言えるようになって、業務改善や難しい課題への挑戦もできるようになっていきます。もし失敗してもみんながフォローしてくれるという安心感や信頼感があるので臆せずチャレンジできます。

成功すれば褒め合い、課題があればチームにフィードバックしてPDCAを回していけば、さらに上を目指せます。結果として業務効率や生産性が上がり、業績がアップするとともに離職率が下がり、会社のイメージやブランド力の向上にもつながります。

このようにエンゲージメントの高い社員が集団になることで強い上昇気流が生まれ、会社は成長していきます。もっといえば経営者は社員たちと経営課題が共有しやすくなり、一人で悩んだり奮闘したりする必要が減っていくかもしれません。社員の管理や指導の負担が減る分、経営者にしかできない仕事（事業計画や経営改革、後継者育成など会社の未来を描くこと）に専念でき、好循環が生まれます。

## 経営難のときこそエンゲージメントが活きる

チームで連携しＰＤＣＡを回していけることの最大の強みは、経営上のピンチに強くなることです。昨今はコロナ禍で人々の生活様式や価値観が一変し、既存の商品サービスのなかには急に売れなくなったものも多くありました。自社の商品サービスが売れなくなったとき、スピード感をもって時代やニーズに合わせた新商品を生み出せるかどうか、既存のサービスを改良して再生できるかどうかはひとえに組織力にかかっています。

私がこのように考えるに至った理由の一つに、仕事を通した実体験があります。私の会社はイベント運営会社のため、当然コロナ禍で業績が悪化しました。会社はチャンバラ合戦や謎解き脱出ゲーム、マーダーミステリーやサバイバルゲーム、運動会や防災・ＳＤＧｓイベントなどあそびを使ったイベントを提供する事業を展開していました。感染拡大による緊急事態宣言が発令され外出自粛が広まった２０２０年3月からの約2カ月間は、イベントのキャンセルや延期の連絡一色となり、4月にはほぼすべてのイベントが中止に追い込まれる事態となりました。そのとき、ピンチをチャンスに変えてヒット作を生み出すことができたのは、日頃からエンゲージメントが高かったことが大きなポイントだったと考えています。予定していた新入社員研修を全体研修に変更し、社内で危機感を共有、新サービスの開発に向けてセールスからエンジニアまで上司も部下も関係なく全社横断的なチームが自然と組まれました。競合他社が続々と休業するなか、個々がもつ情報や経験、スキルをもち寄って、まったく未経験だった非接触イベントとオンラインイベントサービスをたった1カ月という短期間でリリースすることができました。

危機のときには、社員が個々の自分の仕事だけ、日々のルーティンワークにこだわっていては事態に対応できません。部署や階層にこだわらず意見を出し合ってその時点で最適と思える手段をとらなければ生き残れません。必要なときに組織として柔軟な対応ができることもエンゲージメント向上の大きなメリットであると思います。

**集団を「組織」として成立させるための三要素**

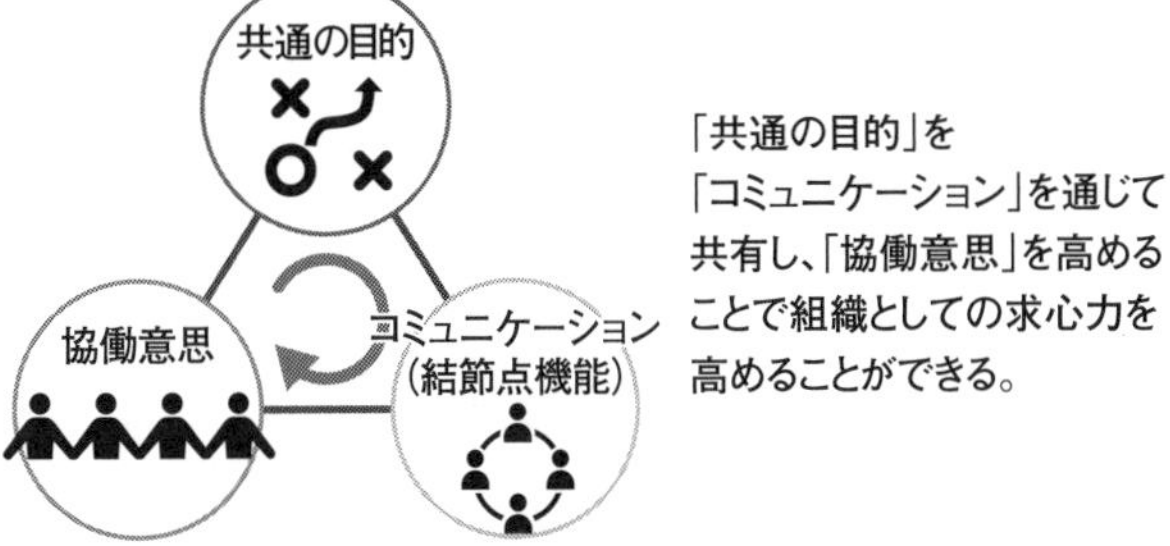

「共通の目的」を
「コミュニケーション」を通じて
共有し、「協働意思」を高める
ことで組織としての求心力を
高めることができる。

出典：チェスター・バーナード著『経営者の役割』ダイヤモンド社

## 集団を組織にするのがチームビルディング

連携のとれた強い組織を作り上げるために必要なのがチームビルディングの意識です。個々の集まりのことを集団（グループ）というのに対して、個々が互いに結びつき一つの共同体になったとき、それを組織（チーム）と呼びます。

例えばサッカーや野球などのチームスポーツでは、個々の戦力が高い選手が集まれば、それだけ得点力や防御力は高くなります。しかし、単なる強い選手の寄せ集めだけで勝負に勝っていけません。それぞれの選手の役割分担や、いつどのタイミングで攻めるか、誰がどこを攻めるか、守りはどうするかといった戦略や戦術が重要です。

一人ひとりが責任をもって役割をまっとうしたり、戦略や戦術どおりに動いたりするためには、勝負に勝つという目的や勝ちたいという強い意志の共有が必要です。ほかのメンバーの動きを見て臨機応変にフォローしたり、ミスをリカバリーしたり、声を出して士気を高めたりといった協力・連携も必要です。そして、互いを理解したり認め合ったり支えたりするためのコミュニケーションがなくてはなりません。

このような望ましいチームプレーのための要素について、アメリカの経営学者チェスター・バーナードは組織成立の三要素として「コミュニケーション」、「協働意思」、「共通の目的」を挙げています。簡単にいうとチーム（組織）とは、「共通の目的」のもとに集まり、それぞれが協力する「協働意思」をもったうえで、「コミュニケーション」を取って連携・協力する組織のことであるとしています。

## エンゲージメントでは組織づくりも重要

エンゲージメントを育てるためには、周囲との関係性――会社に即していえば同僚との関係性が重要になります。そのため、信頼できる組織づくり＝チームビルディングが必要で、いいチームで働くことがエンゲージメントを高めるポイントになります。モチベーションだけを問題にするのであれば、個々のモチベーションを引き上げるにはどうすればよいかだけが課題になります。しかしエンゲージメントの場合は、仕事や会社に対する貢献意欲を高めるために周囲との関係性をどのようにつくり出すべきかが課題になるので、組織づくりが欠かせないのです。

個々のモチベーションが高くても、組織力が弱く、個人がバラバラに動くような会社ではエンゲージメントが高いとはいえません。もちろん、いくら組織づくりを進めたところで個人のモチベーションが低いままでは、社員たちが自発的に動くこともありません。

個々のモチベーションアップとチームビルディングの取り組みを両輪で行い、2つを同時に高めていくことで結果としてエンゲージメントが育まれていくというのが、エンゲージ・マネジメントのポイントです。

## マーケティング手法として生まれたエンゲージメントの本質

このように現在は人事領域におけるエンゲージメント（社員エンゲージメント）が経営

の面でも注目されていますが、これはもともとマーケティング領域から生まれた概念でした。マーケティング領域でいうエンゲージメント（エンゲージメント・マーケティング）は企業と顧客との信頼関係を分析して、購買につなげる手法のことをいいます。2004年頃にアメリカで定義されました。

2000年代に入って高度に進化したネットワーク社会になったことで、人々の消費行動や購入プロセスは大きく変化しました。さまざまな広告媒体があるなかで、消費者の側が主体的に情報の取捨選択ができるようになり、企業側の一方的なメッセージは届きにくくなってしまいました。その変化に合わせて企業側は販売促進業務を最適化する必要に迫られたのです。

企業は顧客との信頼関係を築いたうえで、自社を選んでもらわなければなりません。そのために消費者にとって最適なタイミングで最適な情報を届けることや情報収集から検討、意思決定までをスムーズな導線でつなげることなどが必要になりました。顧客の信頼を勝ち取るための一連のマーケティング手法として顧客エンゲージメントは重要視されるようになっていったのです。

もともとのエンゲージメントは、顧客を単なる一消費者で終わらせるのではなく、その企業のファンに育てて応援してくれる存在にすることを意味します。自社のファンになった顧客はリピーターとなって積極的な購買をすると同時に、他者に向けて自社の良さを広めてくれます。例えばコアなファンになると、お気に入りの商品を知人に勧めたり、SNSに口コミ評価を書き込んだりなどして情報拡散をしてくれる人がいます。これは企業側が宣伝を依頼するのとは違って、顧客の純粋かつ自発的ないい情報をみんなにも教えたいという気持ちからの行動なので、ほかの消費者にも広告くさくなく素直に受け入れられます。このように顧客のエンゲージメントを高めることは、マーケティングの手法として時代に合っていて非常に効果的だといえます。

この考え方を人事領域に応用したものが、社員エンゲージメントです。労働人口の減少をきっかけに、日本において社員にもエンゲージメントが重要だと考えられ始めたのです。

## エンゲージメントにはコミュニケーションが不可欠

エンゲージメントを育むためには、その土台となるモチベーションとチームビルディングが重要ですが、そのどちらにも共通する不可欠な要素がコミュニケーションです。

しかしながら残念なことに、職場でのコミュニケーションは希薄化が進む一方です。組織が大きくなればなるほど、互いの業務を理解し協力し合うために密なコミュニケーションが必要になるはずですが、現状は多くの会社でそうなっていません。部署ごとの縦割りで他部署との交流は少ないですし、同じ部署内でもチームが違えば会話する機会がほとんどないという会社が多いのではないかと思います。

ＩＴが導入される以前はアナログな仕事方法だったため、社内の情報交換は必然的に対話がメインでした。言葉を交わすついでに雑談などもして、そこから双方向のコミュニケーションが成立していました。休憩時は社内の喫煙エリアに集まって他部署の人と仲良くなったり、就業後には〝飲みニケーション〟で交流したりと、コミュニケーションの機会が今よりずっと盛んでした。社員同士で顔を合わせて話す機会そのものが多かったのです。

しかし、平成になると多くの会社でインターネットが普及しメールでの情報交換が主流になっていきました。デジタルでの情報交換には即時に大勢に共有できる点や記録に残る点など多くのメリットがありますが、その一方で情報が一方通行になりやすく、対話というよりも業務連絡の色合いが強くなります。

実際、会社のメールは仕事の話をするためのもので雑談をするのは抵抗がある、あるいはマナー違反だと感じる人は少なくないと思います。そのため、コミュニケーションに活用するという意味ではどうしても手薄になってしまうのです。たばこや飲酒に対する世間の目や、若者のたばこ離れ・アルコール離れなどもあって、喫煙タイムや飲み会でのコミュニケーションもすっかり少なくなってしまいました。

今はオンラインでできる仕事が増え、職場に縛られない自由な働き方が増えています。フレックスタイム導入で就業時間が社員によって違ったり、ワークライフバランスに対する意識の高まりでプライベートも大事にする人が増えたり、コンプライアンス上の理由からも仕事後に飲食に誘いにくくなるなどの理由で、同じ会社に属していても顔を合わせる機会がほとんどない社員もいます。

昭和の時代は、会社は一つの家であり社員は家族だととらえる風潮がありましたが、それも今は前時代的な考えになっています。現代だと会社は仕事をするところ、社員は仕事のために集まったメンバーという考え方が一般的になってきました。

こういう職場環境や価値観のもとで自然発生的に密なコミュニケーションが生まれることは、常識的に考えて今後はますます難しくなるといえます。社員間のコミュニケーションが弱ければ個々が孤立し、組織は分断されてしまいます。エンゲージメントを構成する大切なマインドである仲間のために、会社のためにという意識が育ちにくいのです。

## コミュニケーション促進に効果のある社内イベント

コミュニケーションの希薄化への問題意識から、一時期廃止していた社員旅行や社内運動会を復活させる会社も増えてきています。

親睦や交流を目的としたレクリエーション系の社内イベントは、バブル崩壊を境に廃止する会社が増えました。景気低迷でコストカットを迫られた経営者は、売上に直結しない社内イベントが最も切りやすいと考えました。

また、例えば会社で運動会をするとなると準備のための時間や人手が多く必要になります。早くから企画を練って会場を手配し、備品をそろえ、プログラムや競技ルールを考えたり、チーム分けをしたり、昼食や賞品を用意したりなど膨大なエネルギーが必要です。屋外なら雨天の場合の代替案も考えなくてはなりません。参加人数が多ければ費用面での負担も大きくなりますし、当日も安全面に配慮したスムーズな運営が求められます。

これらはもともと、社内の人事部やイキのいい若手、労働組合が中心になって行われてきました。それだけのコストをかけてどれだけの効果があるのかと問われると、必ずしも費用対効果が出ていないこともあります。その場では楽しく過ごしても、それが職場の活性化や仕事の効率アップにまでつながるかは見えにくく、飲み会にしても社員旅行にしても、結局いつも仲のいい者同士で行動することになり、交流が広がっていかないともいわれます。

もう一つ社内イベントが廃止になった理由として、積極的に参加したがらない社員が増えたというのも大きいと思います。日本もビジネスライクな働き方が好まれるようになり、プライベートの時間を割いてまで会社の行事に参加したくないと考える社員が増えました。女性社員では家事や育児があって参加したくても都合がつかないというケースもあります。

就業時間内にイベントを組み込む場合でも会社は仕事をするところだからあそぶより仕事をさせてほしいという意見が出てきたり、会社の同僚は仕事をする相手であって、業務を超えてまで仲良くなる必要はないという考え方があったりで、なかなか参加に前向きになってもらえないこともあります。会社が強制的に参加させたとしても、嫌々ながらの人がいれば雰囲気は盛り上がりません。みんなの反応が悪ければ企画した人事やイベント係の苦労も報われないのです。それならいっそイベントなんか止めてしまおうと多くの会社が考えたのは、自然な流れだったように思います。

しかしながら、近年は社内イベントを見直す動きが活発化してきました。コミュニケーションを図るうえで、やはりイベントは大事なのではないか、イベントをなくしてから、職場が味気なくなったなどの意見が主に人事や管理職だけでなく若手からも出てくるようになり、社員旅行や企業運動会を復活させる会社が増えてきたのです。民間シンクタンクの産労総合研究所が３００社を対象に実施した「余暇・レク行事の実施割合」の調査を見ると、１９９０年代半ばから減少傾向にあったものが２００５年頃を底として増加に転じ、2009年の時点で1990年代半ばの水準に戻っています。

興味深いのは社内イベント実施割合の増減に連動して、新卒者の3年以内離職率も同じように増減していることです。これは、社内イベントが社員間のコミュニケーションやエンゲージメントの促進に一役買っていることの証であるといえます。

現在、私の会社には毎月数百件を超える問い合わせがあり、これはコロナ前の約10倍の件数にのぼります。結果として、現在も月間100件を超える企業向けイベントが進行しています。これは社員同士が顔を合わせる場面が減ったことで、経営層や人事をはじめとした管理職の方々の課題意識が表面化したことの証左だと思います。コミュニケーションが減ったことに対して、飲み会以外にも効果的な接点をつくる必要があると考えるのは至極当たり前のことなのかもしれません。

ここ数年は各種イベントの自粛が続きましたが、新型コロナウイルスの発生からすでに3年が経過しました。特にオンラインイベントやハイブリッド型（リアルとオンラインを同時進行で行う）のイベント需要が大きいままであることは、企業において社内イベントが再評価されていることを表しているといえます。

［第3章］

# 堅苦しい研修は効果が薄い
# なぜ「あそぶ」ことが
# エンゲージメントを高めるのか？

## 研修だけではエンゲージメント向上は期待できない

多くの会社がエンゲージメントを課題に挙げ、各種の研修を実施していることと思います。しかし、エンゲージメント向上に効果的だとされている研修は世の中にたくさんあるものの、あれこれ試しても期待するほどの効果が得られないというジレンマに陥っている会社も多いのではないかと思います。

例えばエンゲージメント向上のための研修として代表的なものに、ブレインストーミングやＫＪ法があります。ブレインストーミングは複数人が参加し、会議形式でアイデアを出し合って質の高い企画に練り上げていくという集団発想法の手法です。みんなのアイデアをもち寄ることで一人では思いつかない発想が生まれたり、複数のアイデアを組み合わせてより魅力的なアイデアに進化させたりといったことが期待できます。

ＫＪ法はブレインストーミングなどで得た情報やアイデアをカードに書き出し、同じ系統のカードをグループ化することで、情報の整理や分析などをする手法です。文化人類学者の川喜田二郎が著書『発想法』（中央公論新社）で提唱し、彼のイニシャルをとってＫ

J法と名づけられました。アイデアや思いつきを可視化して効率よくまとめ、課題や問題点を抽出するのに役立ちます。

どちらもアイデアを着想したり磨き上げたりしていくうえで有効な手法ですが、実際に参加者全員が活発な意見交換ができるかというと、なかなか難しいというのが現状です。研修の場面では全員が必ず発言する、どの意見も尊重するなどのルールがあるので、控えめな人も発言する機会がありますが、どうしても「やらされ感」が出ます。特に若手社員は就職活動の影響でこの手のグループディスカッションに慣れており、つい業務的な発言になってしまいます。また、実際に階層や別の部署の人が会議に混じると、相互理解が浅いためどうしても発言力のある人や中心メンバーが主に発言することになり、おとなしい人や立場的に下の人は聞き役になってしまいがちです。

これは社員の意識が変わらないからにほかなりません。基本的にブレインストーミングやKJ法はやり方・行動を学ぶためのものなので、意識にまではアプローチできないことが多いのです。

研修の効果が出ない原因はほかにもあります。無気力社員が一部にいる、もしくは大半を占めているという場合です。

もともと仕事に対する意欲が低い社員の場合、研修は会社から言われて仕方なくするもの、強制されたものという認識でいることがあります。そうすると、研修が終わるまで黙って座っていればいい、とりあえずテキストを開いているだけ、説明を聞いているだけという状態になりがちです。これでは身になるはずもありません。

特に座学で一方的に講師の話を聞くだけの研修やテキスト中心で知識を教え込まれる研修のとき、こういう事態が起こりがちです。ワークショップのような活動を伴う研修は考えて動くことが求められますが、座学の場合は聞いているふりで頭を使わなくてもやり過ごせてしまうのが落とし穴です。

会社がせっかく研修の機会を与えても、会社が研修の費用を負担してくれるし、研修している間は業務をしなくてもいいし、ちょうどいい息抜きの時間くらいにしか思われていないとしたら、お金と時間の無駄以外のなにものでもありません。意欲の低い社員でも楽しく参加できるような、また自分から参加したいと思ってもらえるような研修を組んでいく必要があります。

## 意欲の高い社員と低い社員の格差がチームワークに乱れをもたらす

もちろん学びたい意欲のある社員にとっては座学だろうと動画視聴のセミナーだろうとどんな研修も有効で、どんどん吸収してレベルアップします。会社が与える研修だけでなく、自分から投資を惜しまずテキストを買ったり、社外のセミナーや勉強会に参加したりするなど放っておいても勝手にアクションしてくれます。

一方で、本人のなかに問題意識がなく研修を自分事としてとらえられない社員は、そもそも研修に必要性を感じていません。上司から受けろと言われたから、業務の一環だからという意識では当然、なにを学んでも他人事で終わってしまい成長はありません。

そうすると組織でなにが起こってくるかというと、やる気のある社員と無気力社員とで仕事に対する意識の差がどんどん開いていってしまうのです。やる気のある社員はいつまでも成長しない無気力社員を見てイライラしますし、一緒に仕事をすることがしんどくなっていき、フラストレーションが溜まっていきます。

社員の意欲にばらつきがあることでチームワークが乱れ、エンゲージメントは構築できません。そして、優秀な社員ほどよりエンゲージメントの高い組織で働きたいと考え、離職の原因になります。だからこそ社員全員がモチベーションを高くもち続けられるような取り組みが必要になってくるのです。

## 知識習得型の研修だけでなくアクティブラーニングが重要

意欲以外の原因としては、知識習得型の研修は頭で理解しても実際の仕事では使いこなせないということがよく起こりがちということです。これは情報を得たということと情報を使うということがつながっていないからです。

人がなにかを学び取って自分のものにしていく過程には、7つの段階があるといわれています。58ページの図はアメリカ国立訓練研究所の「学びのピラミッド（ラーニング・ピラミッド）」ですが、話を聞くだけでは学んだことの5％しか定着しないといわれています。本を読む、動画を見るなどピラミッドの下の段に行くと、少しずつ学習定着率が上がっていきます。

残念ながら、これまで私たちがテスト勉強や受験勉強で主にやってきた、先生の説明を聞く、教科書や参考書を読む、ノートをとるといった方法ではせいぜい30％がいいところなのです。

より定着率の良い学びにするためには議論する、体験する、人に教えることが重要です。これらに共通するのは本人のアクションが求められる学習法であること。受け身的に情報を受け取るだけでなく、活動と組み合わせることで理解度や定着率を上げていくことができます。

学校教育でも主体的・対話的で深い学びが重視され、現行の学習指導要領に盛り込まれました。これはかつて日本で主流だった知識詰め込み型の学習では組織の駒として働く従順な人材は育っても、グローバル社会で競争していけるような課題解決型の人材が育ちにくいことが指摘され始めたことが背景にあります。

主体的・対話的で深い学びを実現するために、学校の授業ではグループワークやディスカッション、調べ学習、体験学習といった活動を伴う学習（アクティブラーニング）が導入されています。先生の説明を聞く講義式の授業で基本的な知識を得たうえで、グループで話

**学びのピラミッド**

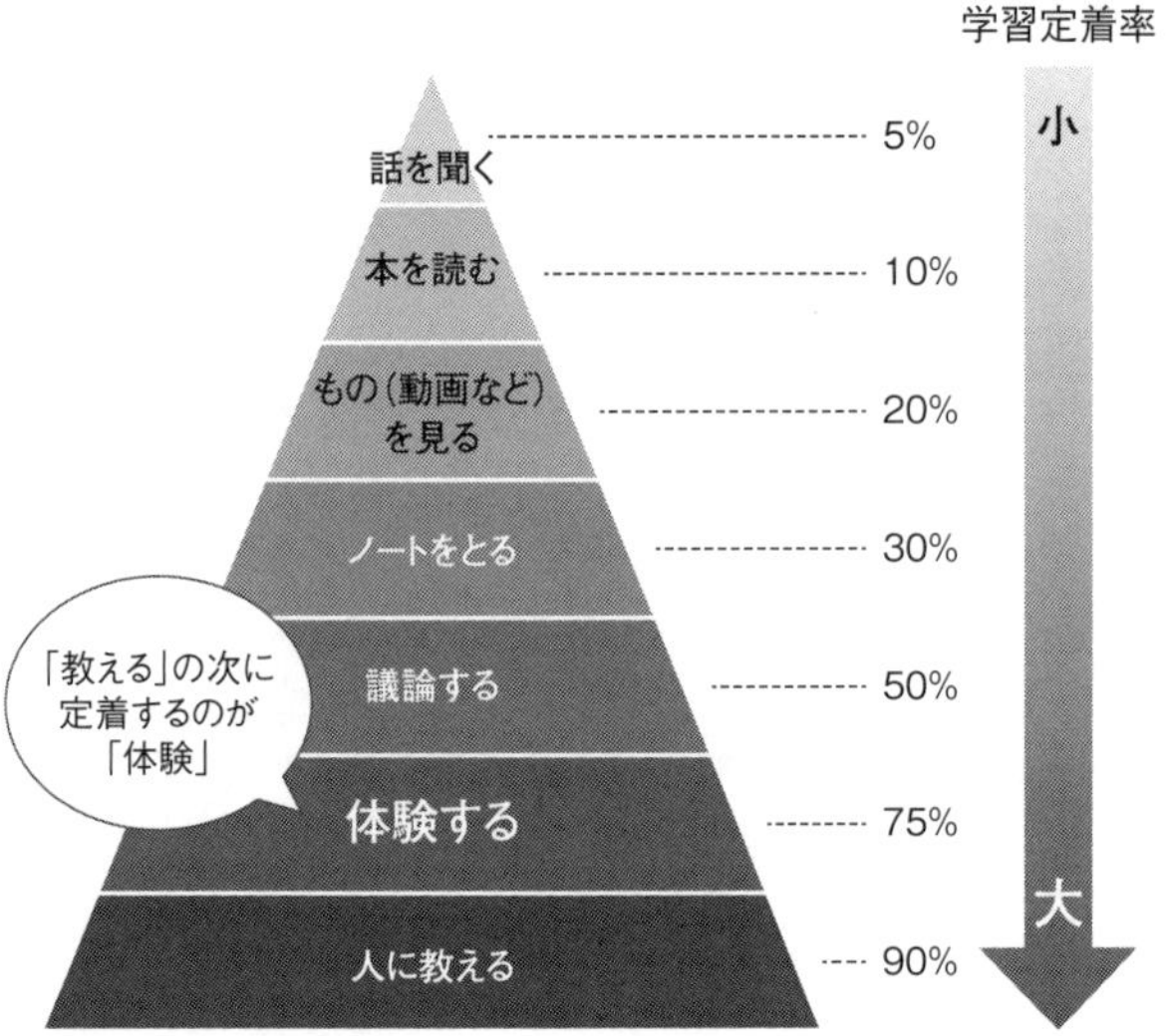


アメリカ国立訓練研究所「ラーニング・ピラミッド」の内容を基に独自作成

し合ったり教え合ったりする授業を行うと、単なる教科書の丸覚えではなく、物事の本質を理解する深い学びになっていくといわれています。

これと同じような学習方法が会社の研修でも必要です。特にこれから5年後、10年後に、アクティブラーニングの教育を受けてきた学生たちが社会に出てきます。そのとき、会社が座学のみの研修を用意するだけでは絶対に彼らには響きません。

アクティブラーニングが深い学びの実現に重要である一方、それだけですべてが事足りるわけではありません。やはり会社の規則を教えたり、一斉に情報を伝えて共有したり、知識やノウハウの習得がメインといった場面では座学のほうが向いています。場所や時間を選ばず、自分のペースで進められる動画教材やeラーニングなども効果的です。

現場の仕事を習得するという点ではＯＪＴ（オン・ザ・ジョブ・トレーニング）が人気で、効果も高いといわれています。業務に直結した指導ができ即戦力を養える点や、個人指導で部下の能力に応じて教えられる点がメリットです。

一方、アクティブラーニングは基本的に複数人で行うものなので、エンゲージメントの要であるコミュニケーションの活性化にアプローチすることができます。また、体験を通して感動や達成感を味わえるのでモチベーションのアップにもつながります。企業におけるアクティブラーニングとしては、コミュニケーションの促進のために見直しが進んでいる社内イベントや体験型の研修を開催することが有効です。

座学もＯＪＴもアクティブラーニングも、それぞれに強みが異なります。社員に学ばせたい目的に合わせてこれらを適材適所で使い分け、複数を組み合わせるハイブリッド型研修が増えてくると思われます。

## 費用対効果の高いイベントや研修を行うには、なにをすべきか

人事部門からの声として、研修はもちろんのこと社内イベントをするからには費用対効果の高いことをしたいという要望があります。物価高や景気低迷で企業経営がシビアになっている時流にあって、どこの会社もコストカットは大きなテーマであり、少しでも無駄なコストは使いたくないと考えています。特に経営者は、イベントをすることが会社の業績アップや社員満足度やエンゲージメントの改善につながるのかという視点で見ています。そうした経営者を納得させられるようなイベントを提案していかなければならないプレッシャーが人事をはじめとしたイベント担当者にはあります。

そのため、エンゲージメントを上げるイベントとしてどんなものがあるのか、なにがベストなのかを人事担当者は情報収集することになります。ポイントは「ダイバーシティ」「体験型」「参加したくなる」の3つです。

最近は楽しみながら学べる研修やイベントが注目されており、ゲーム形式やアクティビ

ティ形式のコンテンツも増えています。例えばボードゲームや脱出ゲームなどを通してビジネスルールを学んだり、体を動かすアクティビティやチームでの競争を用いてチームビルディングをしたりすることなどです。これらは誰でも楽しめる「ダイバーシティ」の要素があり、「体験型」のためダレにくく「参加したくなる」ことが背景にあるといえます。

もちろん昔からある合宿形式のイベントも新入社員研修などで引き続き人気です。知らない者同士が一緒に生活することでアイスブレイク（緊張した空気を和らげる）やコミュニケーション促進になり、一体感が芽生える「体験型」でのイベントです。ただ反面、長時間の拘束や長時間歩かせるなどハードな体験を伴うものは、近年敬遠される傾向にあると感じます。

とはいえ、たくさんある選択肢のなかで自社にとってどれがいちばん適しているのかが分からないという声は依然として多いと感じます。ほかの会社では評判が高くても自社の課題に合わなくて効果が出なかったということも普通にありますし、研修やイベント担当は毎年同じ担当者であることは少なく、企業内での引き継ぎの問題もあります。

また、エンゲージメントというものが明確な指標で測定できるものでもないため、どれくらい効果があったのかが可視化しにくいという問題点もあります。エンゲージメントサーベイといって、社員のエンゲージメントをスコアリングする定量調査も開発されてはいるのですが、費用がかかることやイベントの効果を測るにはその前後で測定・分析をする必要があることなどの理由からまだまだ導入している会社は多くありません。

理屈や数値がどうこうではなく、もっと直感的に効果が感じ取れるような、分かりやすいイベントが企画できるとよいと思います。

そして、ただ単に社内イベントを行えばよいわけではないという点にも注意が必要です。

例えば、桜の花見は日本ならではの風物詩であり、人事異動や新入社員などでチームの顔ぶれが変わる年度始めにはもってこいのイベントです。しかし、みんながストレス発散やリフレッシュができて、翌日からまた仕事をする元気が出たのならよいことですが、必ずしも全員が進んで参加しているとは限らない点に考慮が必要です。会社の付き合いだからしょうがない、参加しないとノリの悪いやつだと思われて職場で浮いてしまう、強制参加で断れない、お酒や酔っ払いが苦手だが我慢……など、本当は参加したくないのに参加していうという人がたいてい一定数は集団に含まれているものです。こういう人たちにとって社内イベントは、エンゲージメント向上どころかありがた迷惑にしかならない場合もあります。

さらに人事からは、花見などのイベントそのものは盛り上がるものの、それが仕事に活きてくるわけではない、といった意見もよく聞かれます。結局イベントをしても普段から仲の良い人と行動することになり、新たなコミュニケーションは生まれにくいのです。単に仲良しになることとチームワークとは別物なので、一緒にお酒を飲んだくらいでは残念ながらチームビルディングには直結しません。

みんなでリフレッシュしたいという目的だけなら、飲んで騒いで楽しむだけでも構いません。しかし、チームビルディングやエンゲージメント向上を最終的な目的としているとしても、キックオフのため、周年事業での一体感醸成、内定者との共有体験づくり、リモートワーク中の社員との懇親会など、なにかしらビジネス的な意味付けをすることが重要だと思います。

## あそぶ研修がエンゲージメント向上に効果的な10の理由

研修やイベントの効果という点でいえば、あそぶ研修は高い効果が見込めます。私の会社が提供しているアクティビティには、体を使うまたは頭脳を使うゲーム、協力が必須だったりロジカルな思考が必要だったりと、多様な要素をもつゲームがそろいます。また、社会人基礎力や防災、ＳＤＧｓなどの学びになる社会課題解決型のアクティビティなど、企業の課題を解決できる幅広いサービスを用意しています。有り難いことに実際に実施したクライアント企業の90％以上からコミュニケーションが活発化した、チームビルディングに役立っている、新入社員の定着率が良くなったという高評価のフィードバックを受けています。

とはいえ、アクティビティやゲームなどのあそびをチームですることで、なぜエンゲージメントが上がるのかというと、それには理由があります。

あそぶ研修が社員エンゲージメント醸成に効果を発揮できる理由を以下の10項目にまとめました。

大人でも夢中になってあそべるチャンバラ合戦

## ①楽しくチームビルディングができる【チャンバラ合戦】

あそぶ研修におけるいちばんの強みは、なんといっても楽しいことです。例えば企業から非常に人気が高いチャンバラ合戦は相手の腕についたボールである「命」を、柔らかいスポンジの刀で打ち落とす数十人から1000人以上でも同時参加可能なあそびです。ボールが落ちるとその人は「討ち死に」つまり失格になり、戦場の外へ出なければなりません。また自分でボールを落としても「自害」となります。そうして最後に戦場に残った人数が多いチームの勝ちという、至ってシンプルな対戦型のあそびです。

仲間と戦略を練る「軍議」を行うことでチームビルディングにつながる

このチャンバラ合戦、やってみると大人でも熱中します。相手のボールを攻めようと必死になるあまり、うっかり自分のボールを守ることを忘れて落としてしまい、「自害」してしまい本気で悔しがって叫んだり、じだんだを踏んだりする姿も珍しくありません。2戦目の前に各チームで戦略を話し合う「軍議」を行い、反省したりほかのチームと同盟を組むよう外交したりなど、1戦目の反省を活かして戦います。

本気で興奮して集中して楽しんで、さらに反省して考えて改善して――といったように、参加者はあそびのなかでPDCAを回していきます。全員やるのはほぼ初めて、かつチーム同士の戦いなので女性やベテランの方でも活躍できます。楽しいだけでなく多世代であそべる、学びがある、共有体験があるということが、飲み会や通常の社員旅行などのイベントとは違う点です。多くの旅行代理店でも販売され、年間150イベント以上を実施したこともある、大人気のチームビルディングゲームです。

### ② 非日常体験で心身のリフレッシュや思考のストレッチができる【謎解き脱出ゲーム】

あそぶ研修やイベントは普段の業務とは違う非日常の体験です。思いきり楽しんで仲間とワイワイ言い合って、仕事を忘れてストレスを発散できるだけでも、心身のリフレッシュ効果があります。仕事のなかでの研修は、結局仕事の延長です。なかには失敗した姿を見せたくないと考える人もいるかもしれません。反対に、制限時間内にみんなで協力して問題を解きミッションクリアを目指す「謎解き脱出ゲーム」では、たとえ解けない問題が出ても、それは閃かなかっただけで、恥ずかしいことではありません。

単にリフレッシュするだけなら社員旅行や運動会でもできますが、あそぶ研修はそれに加えて、誰もが分かるルールに基づいてゲームを実施することで、思考をストレッチできますし、非日常での体験はみんなを一つにします。思考のストレッチとは頭を柔軟にして思考回路を活性化させるという意味です。

近年、ワーケーション（リゾート地や観光地に行き、休暇を楽しみながら仕事をする新しい働き方）を導入している会社が増えてきました。いつもと違う環境で仕事をすることで、仕事の効率が上がったり、モチベーションが向上したり、新しい刺激を受けて着想が生まれたりといった効果があるとされています。

あそぶ研修も同様の効果を期待できますが、ワーケーションは一人や少人数で行くものであるのに対して、あそぶ研修は大人数でできるため参加者みんなで思考のストレッチができる点、そして共有体験が生まれる点が違います。

### ③ 社員が積極的に参加したくなる【リモ謎】

あそぶ研修には面白そう！と思わせる要素があるので、多くの人が積極的に参加したがる研修といえます。オンラインで座学を2時間やりますと言われたらウンザリする社員でも、オンライン謎解きゲームを2時間やりますと言われたら、面白そう、気分転換にい

会議室があれば実施可能な謎解き脱出ゲームは、気軽に導入しやすい

い、どんなあそびかやってみたいと考えて自主的に参加してくれるかもしれません。

最近は社内旅行や企業運動会も全員参加を強制できなくなり、社員の自主性に任せて任意参加にしている会社が多いですし、労働組合のイベントや懇親会などもそうだと思います。そうするとどうしても不参加にする人が出てきてしまいます。またオンラインだと、ある意味で不参加のハードルが下がってしまうこともあります。特にエンゲージメントが低い会社は参加しない社員の数が多くなってしまうため、幹事や担当としては楽しそうなイベント・研修で参加率を上げたいというニーズが生まれます。あそぶ研修を毎年恒例で実施しているとある企業は、オンライン謎解き「リモ謎」の全5シリーズをすべて開催してなお、社員から今年もやってほしい、楽しみにしているという声が上がるそうです。

### ④理屈やノウハウではなく、体で理解するので実践が身につく【謎解き脱出ゲーム】

学びのピラミッド理論からも分かるとおり学習定着率は頭でのみ理解するより、体験を通して理解したほうが良くなります。あそぶ研修はまさに体験そのものなので、学習したことが無駄なく身につくのです。

あそびのコンテンツを設計する際、私の会社では必ずなにを学んでもらうかを考慮して、それが達成できるようにプログラムを組んでいます。

例えば新入社員に会社の理念を理解させたいという目的をもった会社に対して、謎解きゲームを提案するとします。その際やり方はいろいろありますが、謎解き脱出ゲームで答えのワードを集めていって、すべての答えがそろうと最終的に会社の理念が完成するといったような仕掛けをします。ゲームのあちこちに伏線を張っておいて最後できれいに回収すると、会場からは歓声が上がり感動で包まれます。そして、参加者の記憶に強い印象

サバ研で学べるフレームワーク「OODA LOOP」はアメリカ軍隊にも採用されている実践的な考え

として残ります。

このように新人研修でインパクトをもって理念や真意を伝えられたら、理念を丸暗記させるよりずっと理解度や定着率が良くなります。自然とその後の懇親会でもそのことが話題に上がったり、後日広報ブログとして発信されたりしたこともあります。図らずも広報が発信したいと思える研修になったわけです。あそぶ研修によって学ぶことに対する心理的ハードルを下げ、伝えるべきことを楽しく伝えられるのが、あそぶ研修の大きなメリットでもあります。

もっといえばこんな楽しい研修を企画してくれる会社ってすごい、新しい感覚をもった会社なんだな、経営陣はあそび心の分かる人なんだろうと好感が生まれる可能性があります。この会社いいかも、という気持ちこそエンゲージメント向上の第一歩です。

### ⑤社内の上下関係や部署を取り払い、フラットな交流ができる

**【サバイバルゲーム研修 サバ研】**

普段仕事での関わりがある人とは話すが、それ以外のチームや部署の人とはまず話す機会がない、大きな会社になると他部署に誰がいるのかさえも分からないというケースは珍しくありません。また上司と部下という関係性が固定化し、それぞれの立場からしか会話ができない、雑談や本音が話しづらいという傾向もあります。

仕事という枠組みにとらわれている限り、コミュニケーションの壁はなかなか取り払えません。しかし、仕事に関係ないあそびをすることで壁がなくなり、いろいろな人とフラットにコミュニケーションが取れます。

「サバイバルゲーム研修 サバ研」ではミッションをこなすために、チーム全員が役割を果たす必要があります。管理職とは上下関係ではなく「役割」ともいわれますが、こうしたあ

そびのなかでの役割なら抵抗が少なく受け入れられるため、上下関係なく役割を分担することができます。戦術によって部下が司令塔になったり上司が切り込み隊長になったりなど、日頃の関係とは逆転する状況もしばしば起こります。特にサバ研では「OODA LOOP」という即断即決思考を学ぶことを目的としたプログラムでもあるため、自然と普段関わりのない人とも頻繁に話し合うことになりますし、意思決定の過程でコミュニケーションが生まれます。また、あそびでの勝敗は人事考課とは関係がないため、評価を気にせずあそびに熱中することができます。

こうしたあそびによって、飲み会以外でも仕事から離れたフラットな関係性を取り戻して再構築したり、新しい関係性を作ったりすることが可能になると思います。

**⑥ みんなで一つのあそびをすることで一体感が育まれる【チャンバラ合戦】**

あそびを通して一緒に喜んだり悔しがったり達成感を味わったりすることで、チームに一体感が生まれます。同じ瞬間、同じ感情を共有するということが、エンゲージメントの要素の一つである共感度を上げるポイントです。

思いきって失敗ができる点もあそびのメリットといえます。以前誰もが知る有名企業で1000人以上でのチャンバラ合戦を開催した際、社長自らが先陣を切って突撃することでその場が大きく盛り上がりました。これは実はほかの大企業でも同様で、仕事上の失敗と違ってあそびでの失敗は、むしろ偉い人がやればやるほど歓迎されます。本当に百発百中といってよいほど盛り上がるので、管理職対決を定番の企画として基本の提案に盛り込んでいるほどです。

あそびのなかでの失敗を通じて、その人本来の姿が見えてきますし、その後の飲み会でも話題として盛り上がります。あそびにおいて、失敗はむしろ相互の壁を打破するまたとないチャンスかもしれません。仕事の延長線上になりがちな研修などではできない、あそびの強みともいえます。

### ⑦仕事だけでは見えなかった隠れた能力・特性が見つかる【SDGsビジネスゲームワールドリーダーズ】

あそびのなかで自由に活動することで、職場で見せる顔とは違う一面を見せる人もいます。普段は控えめで聞き役に徹することが多い人が、いざあそびになると意外にリーダーシップを発揮したり、堅物と思われていた上司が冗談の通じる結構くだけた人だと分かったり、イケイケの仕事ぶりに見えていた人が実は戦略家で堅実だったりといった発見が、あそぶ研修では日常的にあります。

専用のカードを使うワールドリーダーズ。自チームの利益を追い求めながら社会全体のバランスをとる経営視点が学べる

「SDGsビジネスゲーム　ワールドリーダーズ」はカードを使ったビジネスゲームでSDGsを学ぶことを目的としたサービスです。ゲーム中には、普段積極性をあまり出さなかった人がチームを引っ張ったり、ほかのチームとの交渉役を買ってでたりと、参加者の新たな側面が見られることがあります。あの人にこんな一面があったのかと心理的距離が近づき仕事上の依頼もしやすくなったり、意外な能力の発見につ

ながったりして、その人の素の表情が見えるため、内定者研修や新人研修、リーダー研修など人事面で応用することも可能です。

仕事では本音を隠して建前で振る舞ったり、与えられた役割を無意識に演じたりしがちです。周りに合わせて自分をコントロールするという面もあっていいのですが、そればかりでは疲れてしまい、本当の能力を発揮できないままになってしまうことも出てきます。本当の自分を出せる、周りが受け入れてくれるということは安心して組織にいられるということであり、組織への愛着や帰属意識が高まることを意味します。

## ⑧ あそぶだけで自然に心理的安全性が醸成される

ここまでで、あそぶ研修に参加することで個人や組織にプラスの効果がもたらされることが分かってもらえたと思います。あそびを通じてイベントや研修を行うことで「チームをつくるぞ」「協力しよう」などと声に出さなくても、自然と相互の理解が深まり、フラットな関係性を築くことができます。

個人の面ではモチベーションが上がり思考回路が活性化して、仕事の効率や生産性が上

戦国運動会の競技では、基本的に勝敗より参加者のコミュニケーションの活性化が重視される

がります。イベントや研修の効果を受け入れやすくなり成長が促進されることで、組織への帰属意識が高まり、離職のリスクが減ります。

組織の面ではフラットな関係からコミュニケーションが活発化し、本音や意見を言い合える関係を構築できます。また、人材の有効活用や組織の最適化につながることもあります。こうして社員同士の心理的な結びつきが深くなることで、人材の定着が期待できます。

組織のなかで自分の考えや気持ちを誰に対してでも安心して発言できる状態のことを心理的安全性といいます。これはエンゲージメントとかなり近い概念ですが、あそぶ研修はこれに似た状況を擬似的につくることができるといえます。心理的安全性が担保されている組織では業績や社員の定着率などさまざまな指標が向上することが明らかになっています。

## ⑨目的に合わせてルールを変える、つくる【戦国運動会】

あそぶ研修のメニューは会社の数、目的の数だけあります。私の会社の事例でいえば同じ運動会でもその会社の課題に合わせて競技やルールを変えたりします。これはもともと、あそびはメンバーやコミュニティが異なるとルールそのものが変わるものであるためです。あそびは勝ち負けが目的ではなく、あそぶメンバーが楽しいと思えるものであればよいというのが考えの根本でもあります。

例えば戦国運動会ではコミュニケーションの活性化なら、同じ綱引きでもチームのメンバーを入れ替えながら複数回対戦する、途中で作戦タイムを入れる、4チーム同時でできる綱引きにする（国取り綱引きと呼んでいます）などの方法があります。より大勢でチームビルディングをしたいならチャンバラ合戦を競技として追加し、トーナメント制にして勝ち残ったチームが負けたチームを吸収することで全員参加型の競技にするといったアレンジも提案します。運動が苦手な社員も活躍してほしいなら頭を使う謎解きを競技に組み込みます。大事なのは勝ち負けではなく、参加者全員性別や国籍、年齢を問わずフラットに楽しめるかどうかなのです。

今はオンラインならではの研修・イベントや、オンラインでも対面でもできるハイブリッド型の研修・イベントなどもリリースしており、これまで以上にさまざまな企業のニーズに対応できるようになりました。

企業向けにイベントを提供する会社は国内に複数ありますが、運動会に特化した会社、エンタメ系の研修に力を入れている会社、リアル参加型のみ提供している会社などのすみ分けがあります。つまり、クライアント側が情報収集をしてやりたい内容ごとにイベント会社を選ぶのが一般的です。

その点、「あそびの総合カンパニー」を掲げている私の会社のように関わる範囲が広い場合は、クライアントのあらゆる課題、ニーズに合ったあそびをプロとして提案することができます。クライアント側は比較検討をしやすく、相談しやすいことがメリットだと考えています。

## ⑩ 研修やイベントをプロ集団に外注することで費用対効果が高まる

従来のように人事課や幹事、若手社員が中心となって研修や社内イベントを企画運営するやり方も手作り感があって面白いですが、もっと質を高めたい、費用対効果を良くしたいという場合はプロに外注してしまうほうがメリットは大きくなります。

まず、準備にかかる人手や時間をカットできる点が挙げられます。担当者は場合によっては仕事時間以外の時間を使って準備を行うことも多く、これは昨今の働き方改革の方向性や、業務効率から考えても非効率と見られるようになってきました。プロに外注することで、専門のプロが準備からセッティングまでしてくれますし、その間に人事課や幹事は自分の仕事ができます。当日参加すればいいだけという気楽さもメリットの一つです。

また、餅は餅屋というように、研修や社内イベントもやはりプロがつくったものはクオリティーが違います。道具一つ、会場の飾りつけ一つから非日常空間が演出されます。音響機材やオンライン配信機材をはじめ、専門のMCや司会、参加者への案内一つとってもプロがつくったクオリティーは確かです。なによりどう盛り上げるかといった演出は経験がものをいいます。失敗できない研修やイベントほどプロに一任するほうがよいと思います。

そのうえ、ただ楽しいだけのイベントではありません。チームビルディングになるイベントやエンゲージメント向上に役立つサービスをプロとして設計しています。何度も何度も試行錯誤されたうえで練り上げられた研修や社内イベントサービスは、参加者の体験価値を向上させるため現在も日々改善が繰り返されています。すでにチューニング済みのそうしたサービスを目的に応じて選んだほうが、費用だけでなく質の面からもメリットがあると思います。

安全管理やイレギュラー対応の面も無視できません。アクティビティを企画する場合はしつこいくらいケガを予防する対策をとるべきですし、感染症対策などをすべて担当者に丸投げするのは無茶もいいところです。プロに依頼したほうが研修やイベントの安全性の観点からも安心です。特にオンラインでの研修やイベントは、通信障害対策や参加者へのログイン案内・サポートといった点などを考慮して、多くの企業が外注に舵を切ったように思います。

このように研修や社内イベントは自社の目的や課題に合わせて設計し、プロを効果的に利用することで最大限の効果が引き出せます。

## あそぶ研修がコミュニケーション不足の解決策になる

社員のエンゲージメントを高めるためには周囲との関係づくりやコミュニケーションの活性化が不可欠です。裏を返せば、コミュニケーションがうまくいっていない状態でいきなり研修やイベントをしても、モチベーションのスイッチが入らないので意欲は高まらず、チームの一員としての意識も芽生えず、エンゲージメントを醸成することができません。

つまり、企業は周囲との関係性づくりやコミュニケーション活性化の突破口をどうにか開く必要があります。

あそぶ研修は「楽しさ」を軸として、みんなでなにかをやるということが大前提にあります。意識しなくてもあそぶ過程でコミュニケーションが活性化します。そのうえでほかの研修を行えばスムーズにディスカッションに入っていけますし、ブレインストーミングなどの効果を高めることができます。

また、コミュニケーションの入り口のアイスブレイクとしての使い方だけでなく、あそびの中身を自在に変えることでチームビルディングやエンゲージメント向上にも活用できます。

近年の傾向としても内定者研修や新人研修が増えており、特にオンラインにおいては参加者が緊張し固くなりやすいということで、大学の学生同士の交流イベントにも利用が広がっています。また、リーダーシップ研修やマネジメント研修のアイスブレイクにもよく利用されています。

## 子どもはみんな「あそび」を通して社会性を学ぶ

発達心理学や幼児教育の世界では子どもの成長にあそびは不可欠と昔からいわれてきました。子どもたちはあそびを通してこの世界を理解し、あそびのなかで他者とのコミュニケーションや社会性を身につけていくのです。会社という小さなコミュニティのなかでも、あそびを活用することで組織内の理解を深め、コミュニケーションを活性化させ、組織の成長を促すことができると考えています。

ボストン・カレッジ心理学教授で、「子どもの遊びの進化学」に関する世界的権威の一人と評されるピーター・グレイは著書『遊びが学びに欠かせないわけ―自立した学び手を育てる』（築地書館）で、あそびの重要性について次のように述べています。

「自由な遊びは、子どもたちに自分は無力ではないことを教える自然な方法です。大人から離れた遊びの場では、子どもたちは自分のしていることをコントロールしており、実際与えられた権限を行使しています。自由な遊びの中で、子どもたちは自ら決断すること、問題を解決すること、ルールをつくったり守ったりすることを学びます。さらに、他人に対して服従する者や反抗的に従属する者になるのではなく、他者と平等な関係を築くことを学びます。こいだり、すべったり、グルグル回したり、雲梯や木に登ったり、階段の手すりをスケートボードで滑り降りたりして元気いっぱい外で遊ぶときは、子どもたちは適度な不安を意図的に自分自身に対して投与しています。そうすることで、子どもたちは自分のからだだけでなく、不安もコントロールすることを学んでいるのです。人と一緒に遊ぶことで、どう交渉したらいいのか、楽しませるにはどうしたらいいのか、対立によって生じる怒りをどう調整したり克服したりしたらいいのかについて、子どもたちは学びます。自由な遊びは、子どもたちの好きなことを発見させる方法でもあります。遊びの中で、たくさんの活動を試し、どこに自分の才能や好みがあるのかを発見します。これらの知識やスキルは、言葉によって教えられるものではありません。自由な遊びが提供する、体験を通してのみ学べるのです。」

大人も会社というコミュニティのなかで自由にあそぶことで、新しい自分を発見したり他人を自然に知ったりする体験を通じて、組織について理解を深めることができると思います。

また、彼は望ましい子育ての例として狩猟採集民の社会における子育てを取り上げ、重要な子育てと教育観の中心となる信条として、次の3つを挙げています。

- 子どもの生まれもった才能を信じる
- 本人の意志に従って行動できるようにすれば、子どもは学ぶべきことを学ぶ
- 子どもがスキルを身につけ、成熟した段階で、子どもは自然にバンドの経済的活動に貢献し始める

バンドとは移動生活を送る狩猟採集民の集団単位のことで、ここではコミュニティーの意で解釈すると分かりやすいと思います。引用文の「子ども」を「社員」に置き換えて読んでみると、社員の才能を信じ、自由に行動する機会を与えてスキルを身につけ成長させていくことで、はじめて社員エンゲージメントが高まっていくと理解できます。

## アクティブラーニングは大人にも効果的

このように学びは本来、あそびの延長にあるものともいえます。楽しい、面白い、もっとやりたい、みんなとあそびたいという内発的動機づけ（向学心や好奇心）は自律的な学びにつながる可能性があります。しかしながら実際のところ、学ぶことに受け身になったり、苦役に感じたりしている社員は多いのではないかと思います。

小さい子どもに対しては伸び伸びあそばせたほうがいいと多くの人が考えるのに、学齢期になるとあそんでいてはいけない、まず勉強をという考えになっていく――これは、偏差値の高い大学に進学したほうが社会でなにかと生きやすいという学歴社会の弊害もありそうですが、近年は学校教育にもアクティブラーニングが取り入れられつつあります。

子どもの教育が新しい局面を迎え、アクティブラーニングにシフトしているように、大人にもアクティブラーニングが必要です。

あそぶことはサボることや堕落することとは違います。むしろその逆で、大人こそもっとあそんで、同じコミュニティに属する人たちを理解し、この人たちと働きたい、もっと成長したいと思えるような体験を積み重ねるべきです。会社側も社員の自発的な学びに委ねるだけでなく、あそぶ機会を作り出す側にまわり、社員の内発的動機づけを刺激することは企業にとってメリットがあると思います。

## あそぶ研修における5つの「あそび」の定義

私が考えるあそぶ研修におけるあそびの定義は5つあります。

①誰でもできる……事前の準備や練習が必要なく参加の心理的ハードルが低い、また老若男女や国籍などを問わず参加できる、活躍できることが理想です。

②テクニックがなくても楽しめる……ゲームをするうえで個人のテクニックが重要な要素になってしまうと、テクニックのない人は楽しむことが難しくなります（フットサ

ルや草野球などがそれにあたります）。チームワークや偶然性、戦略性の要素を大きく取り入れたもののほうが、仲間同士でのコミュニケーションも活発になり、それがチームビルディングにつながります。

③勝ち負けよりプロセスが大事……運動会のリレーをはじめとして勝ち負けがはっきり分かるものは、やはり盛り上がります。ただ、絶対に負けられないものはすなわちスポーツ化してしまい、限られた人しか活躍できないものになる可能性が高くなります。大事なのは勝つか負けるかではなく、あそんでいる時間そのものが「楽しい」と感じられるかどうかだと考えています。

④ルールを自分たちで変えられる……鬼ごっこやケイドロなど、フォーマットはあるものの地域ごとにローカルルールが大量に発生しているあそびは数多くあります。あそびの目的は自分たちが楽しむことであり、目的に合わせてルールを自由に変えることができるのが特徴です。そのため会社独自のローカルルールや内輪ネタでの盛り上がりは大歓迎です。むしろ社内が盛り上がるかどうかがプログラム選定の優先順位1位でよいと思っています。

⑤みんなで、同時に参加できる……可能な限り、幹事や人事も参加して全員であそびに集中することが望ましいです。私たちがプログラムをつくるときに最優先しているもののの一つが「同時参加人数」です。どんなに楽しいサービスができても、同時に参加できる人数が10人以下では、あそびの共有体験や盛り上がり、一体感を出すのは難しいと考えています。できるだけ多くの人が同時に、一緒に参加できることで、共有体験につながり忘れられない体験になることを何度も見てきました。あそびは相手がいるからこそ成り立ちます。蚊帳の外の人をつくらない、これもあそびの重要な特徴です。

この5つが、私があそびを開発・設計する際に大切にしている条件です。すべての条件を満たしたコンテンツにすることで、効果や満足度の高いあそぶ研修になります。

［第4章］

# チャンバラ合戦や謎解き、運動会……最強のチームビルディング「あそぶ研修」

## 始まりはチャンバラ合戦が好きな仲間との出会い

私の会社には今は60種類を超えるあそぶ研修のサービスがありますが、最初のスタートはチャンバラ合戦からでした。ただのあそびだったチャンバラ合戦に、私がビジネス化の可能性を見出いだしたきっかけは創業パートナーとの出会いでした。

私が大学を卒業し、大阪に本社を置く電気機器の製造販売会社（以降「K社」）に就職したのが2005年です。私は北海道帯広市の出身で、良い企業に就職するには本州に行くべきだと考え、1年浪人して関西圏の私立大学に進学しました。親に予備校や私立進学の費用を出してもらうなどずいぶん苦労や心配をかけてしまったので、卒業したら安心させたいという思いもあり、できる限り良い企業に就職しようと考えました。

就職先の希望として、①有名企業である、②派閥がない（来歴でその後が決まるのが嫌）、③上司が優秀である、④男女平等である（フラットな社風が希望）、⑤報酬が高い、⑥営業専門である（文系出身の自分の得意分野を確実に磨きたい）の6つの軸で就職活動を行いました。

その結果、数社から内定が出たため、まずは確実に能力をつけるところから始めようと考え、最終的には厳しい業務に耐えさえすれば高い営業力が身につくであろうK社が最適と判断し、入社を決めました。大阪の営業所に勤務することになった新人の頃、任されたのは中小企業が多い北摂地方への営業でした。私の指導役になってくれた上司は営業成績優秀で、若くして管理職を任されるようなとても尊敬できる人でした。上司から「売れなければ野垂れ死にするだけ」「すべてをコーディネートして売れ」など数々の熱い叱咤激励を受けながら、私は2年半ほどで営業の基礎を学びました。

当時の私は自分が社会人として成長することや仕事で評価されることのみを重視しており、職場の人間関係はあまり気にしていませんでした。そのため、飲み会などの誘いは基本的に断る人間でした。今となっては信じられませんが本当のことです。

2007年には愛知の営業所に異動になり、従業員数5000~7000人規模の会社が主な取引先になりました。営業先の会社の規模が大きくなったことで大阪時代のローラー営業的なスタイルとは異なり、より深く顧客と関わる深耕《しんこう》営業が重要になりました。

幸いなことにここにも尊敬できる上司がおり、私はそのもとで3年半学びました。瞬発力と言葉のキレ、レスポンスとその場のノリ（グルーヴ）で勝負するスタイルで戦っていた営業スタイルから、業界理解とチームワーク、提案力で勝負する営業スタイルを学びました。会社の方針と違う動きを認めてくれた当時の上司には今でも頭が上がりません。その上司が上にいる限り会社にいようと思っていました。

転機は2011年、異動のタイミングと、私自身ある程度の営業経験を積み、スキルを身につけたと感じたタイミングが重なり、退社を考えました。ところが東日本大震災が起こり、世の中が不安定になったことで、いったん退社を思い留まりました。

再び大阪に戻り、半年間勤務を続けながら転職という選択肢も模索しましたが、その頃には同じ営業職をするなら前職でよいと考え直していました。逆に前職でできなかった経験や衣食住をコントロールした生き方を優先しようと考え、最終的に起業するのがいちばん良いと判断しました。

そして創業したのが、ＷＥＢコンサルティングの会社です。まったく経験のないＷＥＢコンサルティング事業を始めたのは、創業パートナーが広告とＷＥＢの知識をもっていたからです。彼とはヒッチハイクをきっかけに出会いました。非常に誠実で、能力がどうこうよりも人としてて信頼できる人のほうが長く事業ができると考え、一緒に起業することにしました。

この創業パートナーとの出会いがチャンバラ合戦との出会いにもつながります。

最初はチャンバラ合戦が好きな人たちが集まる有志のコミュニティーでした。チャンバラの開催日になるとみんなで集まって純粋にワイワイ楽しめればOK、途中参加も早退も構わない、休んでも誰も責めないという自由度の高い団体でした。

私もパートナーに誘われてチャンバラ合戦に参加することになりました。最初は棒を振り回してあそぶだけでなにがそんなに面白いのかと疑っていたのですが、いざやってみると闘争心に火がつき、必死になって攻め込んでいる自分がいたのです。チャンバラ刀で相手の腕についた「命」であるカラーボールを落とすだけという、ごく単純なルールのあそびがこんなに楽しいのかと意外な気持ちでした。久しぶりに童心に返って体を動かし、心もスカッと気持ちよくなれたことを今でも思い出します。

## イベントの成功からビジネスチャンスを見いだす

次第に本気になっていった私は、一人で自治体に営業をかけるようになります。初めての受注はある自治体が行う５００人でのチャンバラ合戦で、受注額は3万円でした。お祭りの合間に行う参加型イベントを探していた商工会議所の担当者に気に入ってもらえたのです。

団体メンバーとイベントの企画運営を行うことになり、私もメンバーの一員として参加しました。結果としてイベントそのものは盛り上がり、参加者にケガもなく大成功だったのですが、２つの課題が見つかりました。

１つは、自由度の高いサークルであるために、イベント設営や運営のための人員が安定しないことです。自由参加がモットーでメンバーはみんな本業をもっていますから、その日の用事や仕事の都合などによって来たり来なかったりします。この状態で自治体や企業のイベントを責任をもって運営することができないという問題がありました。

２つ目はボランティアとしての仕事だったのでイベントを手伝ってもバイト代は出ず、

すべて自己負担になってしまったことです。もちろん最初に依頼を受けた時点で全員がそのことを承知したうえで受けたのですが、実際にやってみると想像以上に負担が大きく、今後もボランティアの形で続けることは困難と感じていました。

逆にいうと、もししっかりとした組織があり、提案ができれば、ほかの自治体からも必ず依頼がくるだろうと考えていました。私は、徐々にサービスとしてのチャンバラ合戦にビジネスチャンスを感じ始めていました。

その後間もなくして、「外遊びを再び日本の文化に」を掲げ、NPO法人を設立しました。同時に株式会社としても事業化しました。NPOは引き続き自分たちが楽しむための母体としての機能で、株式会社はビジネスとしてチャンバラ合戦を提供していくための機能というすみ分けをしました。株式会社のほうはもともと創業していたWEBコンサルティング事業を主軸として、そこにチャンバラ合戦事業を新たに組み込むことで、WEBコンサルティングとチャンバラ合戦の2事業を展開する会社へと進化したのです。

## 企業案件を手掛けたことでチームビルディングの効果を確信

自治体向けのイベントを何度も実施していくなかで、チャンバラ合戦を終えた参加者同士が打ち解けた様子を見て、私たちはあることに気づきました。単に楽しいとか地域活性化につながる、あるいはイベント目的の観光客誘致になるといった効果だけでなく、チャンバラ合戦には参加者同士のコミュニケーションを促進する効果があるのではないかと感じたのです。

２０１７年、岐阜県可児市と1年間に及ぶ「可児市の乱」プロジェクトを実施したことで、その仮説は確信に変わりました。プロジェクトは市のなかの城跡を含む各場所で年間20回以上に及ぶチャンバラ合戦を行うもので、ＷＥＢプロモーションからイベントの実施まですべてを請け負うこととなりました。結果的に累計1万人を超える人が参加しました。

子どもから大人、高齢者、外国人まで、さまざまな人たちがチャンバラ合戦を目当てに集まってきました。そんな多種多様な属性の人たちがチームに分かれて一緒になってあそぶのですが、あそびのなかで自然に人と人との交流が生まれていきます。すばしっこい小学生がボールを落として残念がっている高齢者に、得意げにこうやって刀を振ればいいとアドバイスをしている姿や、初対面の大人同士が頭を寄せ合ってヒソヒソと作戦を話し合っている姿、外国人参加者にサムライや合戦の説明をしている地元の人の姿など……、実にいろんなシーンが見られました。

年齢も性別も国籍も職業も関係なく、ただチャンバラ合戦を楽しむという共通の目的のためだけに、こんなにも豊かなコミュニケーションの輪が広がっていくのかと感動する思いでした。

この頃にはこうしたイベントの様子を見ていた企業や旅行代理店の担当者から、これはチームビルディングに使えるからぜひ自社のイベントでもやってみたいと依頼してもらえるようになりました。

実際にその企業の社員研修として実施してみたところ、参加者からは狙いどおりの反応が返ってきました。チームの勝利という共通の目的を達成するために普段は接点のない社員同士がタッグを組んで攻めていたり、一人の社員が司令塔としてリーダーシップを発揮したりするチームがあったりなど、普段の仕事ではなかなか見られないような関係性が構築されていたのです。

もちろん企画者であるその企業の幹事もこの結果に大満足し、これは企業研修にお勧めだと太鼓判を押してくれました。また、内定者研修で活用した人事担当からは内定者と人事が自然にコミュニケーションを取れるようになったなどの声も上げられ、この体験で自信を深めた私は、企業に向けてチャンバラ合戦を売り込む営業活動に本腰を入れるようになったのです。

## 人材の能力開発や組織開発にもつながる

チャンバラ合戦をはじめとしたあそぶ研修は、2018年には年間150回以上を実施する企業・自治体向けのサービスに成長しました。企業での事例が増えるに伴い、コミュニケーション促進だけでなく研修での利用やエンゲージメント向上目的の社内レクリエーションなどにも効果があることが分かりました。

あそぶ研修のなかで、仕事で見せる顔とは違う一面が発見されたり、普段目立たない人が意外にリーダーシップがあることが分かったりして、研修を通じた参加者同士の交流が促進される結果につながりました。

ある企業の一例を挙げれば、普段はあまり目立たない社員があそびの場面では積極的にメンバーのサポートに入って面倒見の良さを見せることがありました。研修後にそのことを聞いた人事がその社員を新人のメンター役に配置したところ、とても良い働きを見せるようになり新入社員のエンゲージメントにも良い影響が出るようになったのです。

あそぶ研修を通じて交流が活性化することで、人事とのコミュニケーションが促進され、内定辞退者数がゼロになったり、飲み会が実施しづらい環境でも相互理解が進んだりなど、目的に対して少なくない効果が上がることが分かりました。

そのようにして組織力が上がっていくと、メンバーは自分たち一人ひとりにとって会社が大切な存在であると実感を得ることができます（もちろん会社の評価制度や報酬制度など目に見える形であなたは大切な存在だと本人にフィードバックすることも大事です）。すると、社員はこの会社が好き、この会社やメンバーのために自分の力を使って貢献したいと考えるようになり、それがエンゲージメントの向上につながります。

## 適性検査では見えなかった社員の適性が見つかる

人事異動や新人の配属先を決めるなど、人事で人材配置を考える際にSPIやクレペリン検査などの適性・能力検査を活用している会社も多いと思います。これらは職務適性やストレス耐性、コミュニケーション力、性格、特徴などを測り、数値化して本人の適性を見極めるためのツールですが、検査結果に基づいて人員配置をしたとしてもミスマッチはしばしば起こります。

検査そのものの精度の問題というよりは、「対策できるかどうか」という部分が課題です。質問に回答するときに回答者本人が本当はYESだけど正直に答えると望まない判定をされそうなのでNOと答えるとか、こういう適性があると思われたいからこの項目にはこう答えるべきというように意図が働くことが少なからずあるのが自然です。誰しも他人からは高く評価されたいし、自分が思い描く理想像に近くありたいという心理があるので、事前に直感で答えてください、素直な気持ちで正直にチェックをしてくださいと伝えてあっても、ある程度はこっちの答えのほうがいいかもという気持ちが紛れ込んでしまいます。

また、現代は情報が溢れています。その気になれば質問項目にどう答えればどんな結果が出るかを調べることもできてしまいます。人事としては悩ましいことですが、適正・能力検査を100%信じることはできません。検査は参考程度にとどめて、本人の実績や自分たちの目で見た働きぶりを重視することが必要になります。

このときに役に立つのがあそぶ研修です。あそぶ研修ではほとんどの人がやったことがないものに挑戦することになりますし、頭と体の両方を使う必要があるものがほとんどです。本人の素の部分が自然と出てくるので、仕事の実績だけでは分からない定性的な能力に気づける場合があります。

また逆に、適性検査ではリーダー適性が高く出ているのに、本人がいまひとつ能力を発揮できていないという場合にも、あそぶ研修が能力開花のきっかけになることがあります。あそびのなかで知らず知らずのうちにその場を仕切っているのに気づき、自分にリーダー適性が隠れていたことを自覚するケースもあるかもしれません。自分はリーダー向きではないと思っていたけれど、成功体験から本当はリーダーにチャレンジしたいと自己認識が変わる人は少なくありません。

社員たちの適性の見極めや潜在能力の開花のチャンスをビジネスシーン以外でもつくること、定性面を確認できる機会と位置付けることは、無視できないメリットだと思います。

## 非日常体験はメンタルヘルスにも効果的

人は自分に合った役割やポジションで働くことができ、心理的安全性が確保されることで自然とエンゲージメントが向上します。エンゲージメントが上がると職場が好きになるので、積極性が増し、人材が定着し、結果として離職率の低下につながります。

あそびという非日常体験をすることで、組織にいながら心身がリフレッシュされ、特にメンタルに活力が戻ることがあります。

最近は抑うつなどメンタルの不調から仕事を長期で休んだり、離職したりといったケースが増えていますが、休職者や離職者が出ると会社の損失は大きなものになります。当該社員が機能しないだけでなく、欠けた社員の仕事をカバーするためにほかの社員に負担がかかり、過重労働から新たなメンタルの不調を誘発する恐れがあるからです。また、人材を補強するために採用すると、採用や教育のコストもかかります。今後も人材不足が加速すると予想されるなか、企業が採用費を積むのと同じくらい人材の定着や組織活性化にコストを掛けるようになるのは、必然の流れになると予想されます。

ちなみにメンタルの不調で休職した社員のうち、復職できる人は大企業では半数以下ともいわれています。厚生労働省研究班の調査では、うつ病で休職した社員のうち5年以内に再発して再び休む人が大企業では47・1％に上ります。復職を試みることなく退職していく人も含めると、職場に戻って来られる割合はさらに低くなることは間違いありません。

こうしたメンタルの不調による会社の損失と、あそぶ研修をはじめとする組織活性化のための研修やイベントを実施するコストを考え合わせれば後者で予防したほうが経済的メリットがよほど大きいといえます。

## 企業ニーズに合わせて増え続けるあそぶ研修

チャンバラ合戦を事業として提供し始めた当初から、私は杓子定規に決まった形のサービスをどのクライアントにもそのまま提供するというやり方はしませんでした。クライアント先の担当者から要望をヒアリングし、その内容に合わせてサービスをカスタマイズします。クライアントごとに解決したい課題は異なるので、課題によりアプローチできるような要素をあそびに落とし込む必要があるからです。

私の会社が企業に対し研修として実施する場合、人事課や経営層、イベントの幹事からの依頼が多く、それ以外にはＳＤＧｓや防災担当者、労働組合から組合員の親睦や研修目的で活用されることもあります。研修目的の場合は学び取ってほしいテーマが決まっているため、そのテーマに確実にあった内容であることはもちろん、効果の期待値や楽しさにコミットできるあそびの設計が求められます。

チャンバラ合戦はとてもメリットの多いコンテンツですが、それだけではすべての企業案件に対応できません。例えば狭い会議室でできるものにしたいとなった場合、広いスペースが必要なチャンバラ合戦は適しません。チームビルディングのなかでも特に役割分担の重要性に絞って理解させたい場合は、よりロールプレイング的なあそび、例えばサバイバルゲーム研修　サバ研や謎解き脱出ゲーム、マーダーミステリー研修のほうが理想的です。

「サバ研」はサバイバルゲームを通して、勝つためのフレームワークであるOODA LOOPを体感できる研修です。エアガンやレーザー銃を装備し、求められるミッションの達成を目指します。これによって迅速な意思決定、臨機応変な対応が必要なときの思考方法、リーダー像を学ぶことができます。女性でも初心者でも安全に活動できるので、企業からも人気の高いコンテンツです。

「謎解き脱出ゲーム」は参加者自身が物語の主人公となり、決められた時間や空間のなかで謎を解いてクリアを目指すロールプレイング型のあそびです。緊張感のある空間からチームで力を合わせて脱出を図るシチュエーションが特徴で、チームビルディングに役立ちます。屋内型で広いスペースが必要なく、体力の弱い人でもできる点も強みです。

「マーダーミステリー研修」は新感覚の推理ゲーム「マーダーミステリー」を、社内イベントや体験型研修用に再定義して開発されたものです。参加者同士でコミュニケーションをとって推理を進めるなかで、経済産業省が定義する「社会人基礎力」や、「交渉力」を養うことができます。

企業からニーズをヒアリングしていくたびに新しいあそびが必要になり、ニーズに応えていく形でどんどんサービスが増えていきました。２０１７年を過ぎる頃には会社発足時からあるＷＥＢコンサルティングの事業よりも、あそびの提案・運営を行うアクティビティ事業のほうがはるかに事業規模も大きくなりました。

そうして生まれたサービスが現在では60種類を超えています。２０２０年に５００件に迫ったあそび研修・イベントの需要は、２０２１年には年間１０００件になりました。企業側の多様な研修・イベントニーズに対応していくため、必然的にチャンバラ合戦以外にもあそびのレパートリーが必要になったのです。コロナ禍は、その潮流がはっきりと露呈したきっかけでもありました。これまであったほとんどのリアルイベントがまったくできなくなったと同時に、これまで誰も挑戦したことがなかったオンラインの体験型研修やイベントサービスが必要になりました。他社が休業したり成長の勢いが弱まったりするなか、私の会社では文字どおりゼロからユーザーニーズを聞き出し、爆発的に増えたオンライン研修・イベントのマーケットに対応するために開発を続けました。以降、ビジネスの課題を解決する新しいあそびを年間10サービス以上開発し続けています。

## コロナ禍でオンラインサービスが大ヒット

２０１２年の創業以来、企業や自治体、商業施設からの反響をいただき、業績は右肩上がりで社員数も増員するなど順調に成長していた会社でしたが、最大の危機は２０２０年に訪れました。新型コロナウイルスが日本でも流行し始め、４月に初めての緊急事態宣言が発表されたときのことです。外出自粛やイベント中止の波が一気に押し寄せました。合計80件以上、億近い売上の研修やイベントがキャンセルされ、約半年間の売上予定が白紙になってしまったのです。

多くの企業が一斉にテレワークを導入し、人々の働き方は出社するスタイルからリモートワークへと急速に移行しました。当初はコロナ禍が数カ月で落ちつけば以前の出勤スタイルに戻るという見方もありましたが、私はその意見には懐疑的でした。理由は三つ、一つは大企業の就業スタイルがリモートワークにものすごい勢いでシフトしていくことをWEBマーケティングの手応えや顧客の声から感じていたことです。もう一つは、一度ワークスタイルを変更したら、再度出社という就業形態の選択肢を望まない社員が出ると考えたためです。雇用契約上もそのような契約を一度結べば、大企業であればあるほど容易には戻せません。そして三つ目は、もともと集合型研修や懇親会イベントの際の移動コストが課題であったことを知っていたためです。企業によっては予算の半分が現地までの交通費や宿泊費といった状況は当たり前だったので、リモートワークやリモートイベントは経済合理性上もメリットがある以上、コロナが収束して以前までの日常が戻ったとしても、企業側は確実に手法として残すだろうと考えました。つまり一度舵が切られたら、出社組とリモートワーク組が共存するスタイルが大企業を中心に確実に定着すると思ったのです。いつ終わるか分からない問題に対して待ちの姿勢を取らず、問題が起こったときにもすばやく対応できる会社にトランスフォームすることが最も正しいやり方だと確信していました。

こうした考えから私の会社では、4月の時点――緊急事態宣言が出る2日前には非接触イベントとオンラインサービスの開発に着手しました。オンラインでのマーケティングとしてイベント業界では珍しいウェビナーを含め、社内の人材やリソースをすべてオンライン対応に振り切ったのです。

5月中旬には、業界でも1、2位を争うほどの速度で、企業向けのオンライン謎解きチームビルディング「リモ謎」シリーズをリリースすることに成功しました。リモ謎はリモート環境下でもチームビルディングができる大人数参加型のオンライン謎解き脱出ゲームです。ビデオチャットを使ってチームで協力しながら、ストーリーに沿った謎を制限時間内に解いていき脱出を目指します。テレワークで社員同士の直接的な交流が減ってしまった会社や、海外拠点と国内拠点との交流を図りたい会社のイベントや研修として利用できます。

リリースした直後こそ大きな反響はありませんでしたが、徐々に問い合わせも増えていき8月に待望の初受注が入ります。その後は急速に多くの企業に採用されていき、最終的に年間500件に迫る件数を開催する大ヒットサービスとなりました。

出足が鈍かった理由としては、企業側の混乱が大きかったためだと考えています。5月といえば多くの企業が準備不足のままテレワークを開始することになり、右往左往しながら社内制度やリモートワーク体制を構築していた頃です。数カ月経って社内の混乱が少しずつ落ちついてきた頃、ようやく研修や交流をどうするかを考えるようになったのだと考えられます。従来の会議室に集まって行う対面式の研修や会場を借りてのイベントは、3密回避の観点から実施できません。なにかオンラインで開催できる研修や懇親イベントはないかと探し始めた段階で「リモ謎」を見て、多くの会社が興味をもってくれたのだと思います。

私がリサーチした範囲では、こうした企業向けのオンラインのサービスを開発した会社は当時ほとんどありませんでした。あったとしても企業のニーズを理解していない、もしくはクオリティが低いサービスでした。ニーズを先取りしてサービス開発に着手し、他社に先駆けてリリースできたこと、そしてその後もサービスの改善を継続して続けたことが大ヒットの要因だったと分析しています。

## コロナ禍でも急ピッチの開発に成功できた理由

「リモ謎」は1カ月足らずという急ピッチでの開発でしたがクオリティーには自信がありました。これまでに数多くのあそぶ研修を手掛けていた知見があったことと、ウェブを熟知した社員がすでにいたこと、そしてなにより全員同時に仕事がなくなってしまったため、各セクションのエース級の社員が新サービス開発に取り組んでくれたからです。一度決めてしまえば、社員たちは新たなミッションに燃え、セクションに関係なくこの新たなサービスの立ち上げにフルコミットしてくれました。セールスもイベントチームも関係なくアイデアを出し合い、どうすればより良いオンラインサービスにできるかをディスカッションしている社員たちの姿を、本当に頼もしく感じました。これこそが、社員エンゲージメントが高いことの賜物なのではないかとよく考えます。

オンライン研修をする際にいちばんネックになるのは、ウェブシステムの問題です。インターネット環境やPC環境の異なる者同士を大人数つなぐことになるので、必ずといっていいほどサーバーが不安定になったり、接続不良などが起こったりします。人数が多いだけでもデータ量が膨大になりますが、使っているOSやブラウザが違うとなると、処理にかかる負荷がさらに大きくなってしまうのです。

テストなどでこうした問題が起こるたびに、一つひとつ粘り強く解決していきました。複雑なネット環境下でもスムーズにデータのやり取りができることを目指し、開発側も運営側も最適な形を目指して一から自社でシステムを作り上げました。当然のことながらセキュリティー面にも考慮しており、クライアント側には使いやすさを高く評価してもらえました。

２０２１年には、テレビ番組でおなじみの料理の値段当てクイズをヒントにした、オンラインフードエンターテインメントサービスをリリースしています。これは実際に社員のいる自宅１軒１軒に同じコース料理をデリバリーし、全員をオンライン画面でつないで、みんなで料理を食べながら値段を当てていくゲームです。みんなで同じものを味わうことで一体感があり、食べる楽しさも共有できます。

このコンテンツを開発した背景には、我々のようなイベント業界と同じくコロナ禍で大打撃を受けている飲食業界の助けになればという思いもありました。

このコンテンツを提供するにあたり、自社内にフードデリバリーサービスを行う、フードエンターテインメント事業部も創設しました。当初は協力会社を探したのですが、今感じているニーズに対応できる会社が見当たりませんでした。それなら自社だけで作ってしまおうということで、事業部を新たに発足させました。

コンテンツ開発や新事業部の創設などコストはかかりましたが、当初の目標を軽く超える人気で、１年で売上１・５億円、２万食以上を販売するほどサービスは軌道に乗っています。

## 「オンラインでできればいい」から「オンラインだからこそ」にニーズが変化

テレワークが始まって間もない5～6月頃の企業側のニーズは「オンラインでできるもの」でした。研修のクオリティーも大事ですが、それよりもまずオンラインでできなくては話にならないのでぜいたくは言っていられない、とにかく試してみたいという焦りのようなものを感じました。そこで私たちはリモートワークしながらでもチームビルディングができる謎解き研修「リモ謎」シリーズや、オンラインでできる防災研修「おうち防災運動会」をリリースしました。

それから少し経ち、オンラインが定着してきた9～10月頃になると、今度はやはりオンラインでもクオリティーが大事となり、中身にこだわる企業が増えてきました。オンラインでも盛り上がる、楽しい研修やイベントが求められるようになったのです。私たちは「リモ謎」の改良と新規サービスのリリースを進めました。

そして2021年に入るとコロナがいよいよ簡単には収束しないという空気感が定着し始めました。その頃には企業は「オンラインならでは」の内容を求めるようになってきました。企業にとってオンラインはもはや当たり前で、オンライン研修も目新しくはなくなってきました。担当者たちもオンラインの運用に多少慣れてきたからこそ、ダレない、特別感が欲しい、スムーズに運営したいというニーズが強まったようです。リアルでもできる研修をオンラインにただ置き換えて多少ぎこちないのは大目に見てください、というスタンスではもはや満足されなくなりました。そんな2021年度、私たちは多様化したニーズに応じてさらにオンラインサービスを10種以上リリースしました。

その頃には今後さらにテレワークの社員も会社に出社する社員も両方同時かつ一緒に楽しめる「ハイブリッド型研修・イベント」のニーズが生まれると私たちは予感していました。

今後のニーズがオンラインとリアルとの融合になっていくであろうことは、企業へのヒアリングやマーケティング調査などから早い段階でつかんでいました。業種にもよりますが、テレワークでよい社員と、出社しないと仕事ができない社員の両方がどの会社にもいるからです。

このような働き方が混在する職場では、テレワーク組と出社組の連携が求められ、両者をどのように等しくエンゲージメントしていくかが課題になります。オンライン組と出社組を別々に研修すると、どうしても効果に偏りが出やすく、なによりも両者間でのコミュニケーションが生まれません。そこで必要になってくるのが、オンラインでもリアルでも参加できるハイブリッド型のあそぶ研修です。

ハイブリッドイベントとしては謎解き形式を採用し、リアル参加にも対応できるようにしました。2022年秋口より、急激に導入が進んでおり、今後もニーズが伸びていくと考えています。

コロナが収束したとしても、出社組への研修やイベントは以前のスタイルに戻せばいいだけですが、テレワーク組はそうはいきません。両者どちらかしか参加できない研修やイベントだけを開催することは難しくなりますし、開催時にリアルかオンラインかを悩む担当者からすると、ハイブリッドイベントは自然に選びたくなる選択肢です。むしろ多くの企業にとってそのコミュニケーションの断絶は、社員の定着や活性化において優先度の高い課題になると考えています。

## 防災やＳＤＧｓの研修で社会課題にもアプローチ

直近では、企業の社会課題解決への意識の高まりを受け、防災とＳＤＧｓにアプローチできる研修メニューも開発しています。

これまでも防災の日などに全社一斉で防災訓練を行う企業はありました。しかし、たいてい避難経路の確認や社内に備蓄してある防災グッズの点検確認、消防訓練くらいで終わっていたと思います。毎年同じことの繰り返しで危機感がもちにくかったり、形式的な訓練で終わってしまい、実際の災害時に適切な行動につながらない恐れがあったりして、効果の点が課題でした。

また、見逃されがちなポイントとして参加率の低さも挙げられます。形式的なイベントは自ずと社員の優先度も上がらず、業務などを理由に参加しない人も多いと聞きます。企業も形骸化を問題視していて、近年は参加のしやすさ、募集のしやすさを重視する企業も増えてきました。防災は全人類の課題であり、知識や経験は必要なものだと分かってはいても、実際に主体的に得ようとする人はごく一部です。だからこそ「自分で助かる、他人

防災イベントは、社員だけでなくその家族が参加できる点も評価されている

を助ける人をゼロから1へ」をビジョンとした「あそび防災プロジェクト」を立ち上げました。

あそび防災プロジェクトはあそびと防災の組み合わせによって、防災に興味がない人でも楽しくあそぶうちに自然と防災知識が身につくことを目的としたプロジェクトです。防災には5つのフェーズ（事前準備／災害発生／発災直後／避難生活／生活再建）があると定義し、各フェーズで自分が取るべき行動を体験できるあそびを考案しました。プロジェクトのなかには防災運動会や防災謎解き、防災間違い探し、体験型防災フェス、防災ワークショップ、防災ヒーロー入団試験など複数の種類があり、オンラインにも対応した、おうち防災運動会もあります。

体験を通じて防災知識や経験を楽しく学べるほか、チームビルディング研修も兼ねられると人気があります。企業側が目的や参加者の属性などによって選択できるようになっています。

2019年にプロジェクトを開始してから自治体での実施も合わせて、現在では累計150件以上の依頼がもらえるようになりました。

SDGsは近年人々の意識も高まり、企業側も専門部署を設立するなどしていますが、防災と同様に経営層と現場の意識が離れがちだと感じています。部門は設置するけど強制力をもたせることができず、担当者はなんとか広めていきたいと考えているもののなにをしたらいいのか分からないという状態です。

このような場合にも、あそぶ研修は有効だと考えています。コミュニケーションやゲーム要素を入れることで、知識の詰め込み型のものから体験型の研修やイベントへ変えることができます。参加者からすれば、必要な知識を会社の負担で学ばせてくれるうえに、楽しそうで参加したくなる研修やイベントになります。担当者にとっても、自然と参加者が集まってくれて盛り上がってくれることほどうれしいことはありません。場合によっては研修費用ではなく懇親会費用で実施することもできます。多くの企業では実際のところ、SDGsのための費用より懇親会費用のほうが予算を取りやすいともいわれています。

また、私たちはSDGsを社会貢献としての文脈ではなく、企業の課題解決型のイノベーションであると考えています。

SDGsは課題がとても広範にわたるため経営者がいくら言っても、目の前の仕事に追われている社員にとっては、実際なにをしていいか分からない、ということが多いと聞きます。また、世の中にある研修も一般人に向けたものが多く、企業向けの体験型プログラムはとても少ないと感じています。SDGsにおいて企業が果たす役割はとても大きく、無視できるものではありません。むしろ世界的なトレンドをしっかり受け止め、SDGsを機会にサービスを開発し改善したり採用に活かしたり、社内エンゲージメント向上を目指すなど、イノベーションに活かすことが可能だと考えています。

私の会社が2022年から提供するSDGsプロジェクト「SDGsコンパス」はそう

した企業の「世界を変える、はじめの一歩を支援する」をビジョンに掲げたサービスです。このサービスには3つのゴールがあります。1つは体験を通じて持続可能な企業をつくるプレイヤーを増やすこと、2つ目はこれからの新規事業開発に必要な視点を提供すること、3つ目は自社の魅力をSDGsの視点から再発見し見直すきっかけをつくることです。

サービスのメニューは、企業として戦略を立て利益をほかのチームと競うSDGsビジネスゲーム「ワールドリーダーズ」やオンラインSDGs謎解き「ある惑星からのSOS」、SDGsワークショップ型研修「SDGsマッピング」などがあります。現在特に人気なのがSDGsビジネスゲーム「ワールドリーダーズ」です。企業経営を体験できるビジネスゲームで、各チームが企業として戦略を立て、労働力や資本を使って利益を競うのですが、利益を追求するだけでは持続可能な企業にはならず、かといって良いことだけを追求しても利益につながらないため、よりリアルな経営視点や、企業価値を高めるような視点が必要になってきます。SDGsにおける企業の役割を学ぶだけでなく、戦略思考や情報共有、駆け引き、チームビルディングなどさまざまなことを体験できます。

SDGsのサービスは2022年4月に開始したばかりですが、すでに多くの依頼を承っています。

## 単発でも座学と組み合わせても、あそぶ研修の使い方は自由

創業以来、企業や自治体のあらゆるニーズに応えられるようあそぶ研修のサービス開発を重ねてきました。単発での導入もあれば、研修の前半をあそぶ研修にして学ぶ土台をつくり、後半の研修で知識のインストールをするというように、ほかの研修と組み合わせる使い方もあります。また、必要な場面でスポット的に導入する以外に、年間契約で一年を通してあそぶ研修を活用する企業もあります。例えば春に新人研修で謎解きゲームをやり、夏にチャンバラ合戦のイベントをやり、秋に防災研修を、冬は忘年会をオンラインでするなど、用途に応じてさまざまな利用が可能です。どのサービスもあそぶ研修では人が多ければ多いほどコミュニケーションが増えて楽しくなるよう設計されており、担当者負担が少ないことなども利用されている一因かもしれません。

コロナ禍で一時的に売上は沈みましたが、2021年売上は約7億円でコロナ前の売上の約4倍を記録し、従業員は50人に増えました。月間数百件以上の問い合わせがあり、年

間の実施件数は1000件を超えました。

この数字を見ても、あそぶ研修の注目度が上がっていることが分かります。

## 海外企業も注目する、あそぶ研修のポテンシャル

国内企業だけでなく、海外企業からのオファーもあります。誰もが知る世界的IT企業のG社では、その年の成績優秀者や功労者にご褒美の一つとして日本への観光旅行をプレゼントし、その目玉の一つとしてチャンバラ合戦を採用したことがあります。

戦国時代の武士になりきってチャンバラ刀を携えて戦場に乗り込むのですが、彼らは最初から非常にテンションが高かったのを覚えています。海外の人たちにとって日本の戦国時代や武士は憧れで、一度は体験してみたいアトラクションなのです。互いに甲冑《かっちゅう》姿を写真に撮り合って褒め合ったり、SNSに上げて自慢したりしている人も少なくありません。

本格的に作り込まれた会場や衣装はフィクションの世界に入り込んだような錯覚を起こしますが、単にコスプレするだけでなく、さらにチャンバラ刀で合戦ができるとなれば気分はもう完全にサムライです。

チャンバラ合戦は海外企業からのオファーも増加している

普段はクールな一流企業のエリートたちが歓声を上げながら刀を振る様子は、まるで興奮した子どものようで、見ているこちらまで楽しくなってきます。

イベント後に感想を聞くと、武士道を学べた、楽しかった、興奮した、子どもの頃の憧れがかなってうれしい、来年も好成績を収めて来日したいなどの声が聞かれました。もしかすると報奨金と同じくらい、モチベーションが上がる体験だったのではないかと思います。

実際にクライアント企業がどのようにあそぶ研修を活用しているか、それぞれの課題があそぶ研修によってどのように改善していったかを知ることで、あそぶ研修の具体的な効果がイメージできると思います。

## 事例① チャンバラ合戦でチームビルディング

### ●あそぶ研修を実施した経緯と目的

人材育成やベンチャー企業への投資などを行うG社は、以前から年に一度、体験型コンテンツを通してチームビルディングを進めてきました。イベントの目的は、共通の体験を通してチーム内のコミュニケーションを促進することです。

最初は謎解きゲームを検討していましたが、ヒアリングを進めるなかでより全員で体験したということを実感できるチャンバラ合戦のほうがソリューションとしてふさわしいのではないかという意見が社内から挙がりました。そこでG社の担当者に提案したところ、チャンバラ合戦を行うことに決まりました。担当者はシンプルにチャンバラという目新しさに惹かれ、そんなイベントがあったのかというインパクトが大きかったということでした。

今回の開催時期が夏だったので、体を動かせる屋外のアクティビティという点でもチャンバラ合戦はぴったりでした。

## ●当日のアクティビティの内容

スポンジ製の刀を装備し、命に見立てたボールを腕に装着します。刀を用いて相手のボールを落とし合うというシンプルなルールです。

今回は複数回に分けて合戦を行いました。そして、試合ごとに軍議という名の作戦会議を開きました。シンプルなルールだからこそ、各軍の戦略が大切でゲームを奥深くします。

## ●なぜ目的達成できたのか

①運動が苦手な人や、デスクワークで普段から身体を動かさないという人でも、軽めのアクティビティとして気軽に参加できる

②世界観の演出を作り込むことで、世界に入り込んで熱中できる

③即席のチームであっても、勝利のために心を一つにしてアクティビティに取り組めるため、ゲームを通してコミュニケーションの活性が促される

④試合ごとの軍議の時間に改善策を講じて次の試合に活かすというＰＤＣＡサイクルの

## 事例②　オンライン運動会「ビジトレ」＋座学で若手社員同士のチームビルディング

### ●あそぶ研修を実施した経緯と目的

金融系企業のX社は、座学形式でのビジネスマナー研修に付随するチームビルディングコンテンツという形で、オンライン運動会を選択しました。担当者によると座学研修そのものとの親和性が高く、研修を行う目的と合っているという理由から導入を決めたそうです。また、今回の参加者は若手社員中心だったので、若手向けのビジネスマナー研修として楽しく学べるものを探していたことも理由の一つだということでした。

### ●当日のアクティビティの内容

ゲーム性のある3つの種目を通してオンラインで楽しくビジネスのヒントを見つけます。

1つ目の種目は、ビジネスマナーの観点で間違っているものを見つけ、正しい回答をするものです。名刺交換や座り位置など、ビジネスシーンがテーマの動画を視聴してもらい、チームごとに話し合って間違いを探し出し、正しい対応を答えます。

２つ目の種目は、検索力を試すものです。上司から飲食店や社員旅行で使う施設の条件が提示されるので、検索エンジンを使って条件に当てはまる実際の場所を選びます。ただし、その条件はこだわりが強く、非常に細かいので、チームでの連携が重要になります。

３つ目の種目は、ある会議の動画を見て議事録を取り、その会議内容に関する問題に解答するものです。会議はいい加減な人や話を逸らす人などくせ者だらけです。彼らによってお構いなしに進められていく会議のなかから重要なポイントを記録していくのがポイントになります。

## ●各種目に挑む参加者の様子

いずれの種目でも活発な話し合いやディスカッションが起こりました。第1種目では意外と知っているようで知らなかった、難し過ぎず、簡単過ぎないという声が多く、ビジネスマナーを見直すきっかけになった様子が見られました。第2種目では難しい条件にもかかわらず、みんな楽しく協力しながら解いていたのが印象的です。第3種目では自分が記録できたこと、できなかったことをチームで話し合いながら答えに近づいていく様子が見られました。

●**実施後の参加者たちの声**

イベント後に参加者たちに直接、感想を聞いたところ次のような好意的な意見が出ました。

・楽しくゲーム感覚で学ぶことができた

・チームで話す場面が多く、協力することの大切さを再認識した

・意外と難しく頭を使った

また、今回のオンライン運動会の満足度をアンケートでも確認しました。8割以上の参加者から「満足した」との回答が得られています。

●**なぜ目的達成できたのか**

①情報共有や自分の意見を発信して、チームとして意見をまとめる必要があるので、チーム内でのコミュニケーションが発生する

②ビジネスに関連性がある課題を種目にしているため、企業だからこそ楽しめるように

**若手社員向けビジネスマナー研修「ビジトレ」はいかがでしたか？**

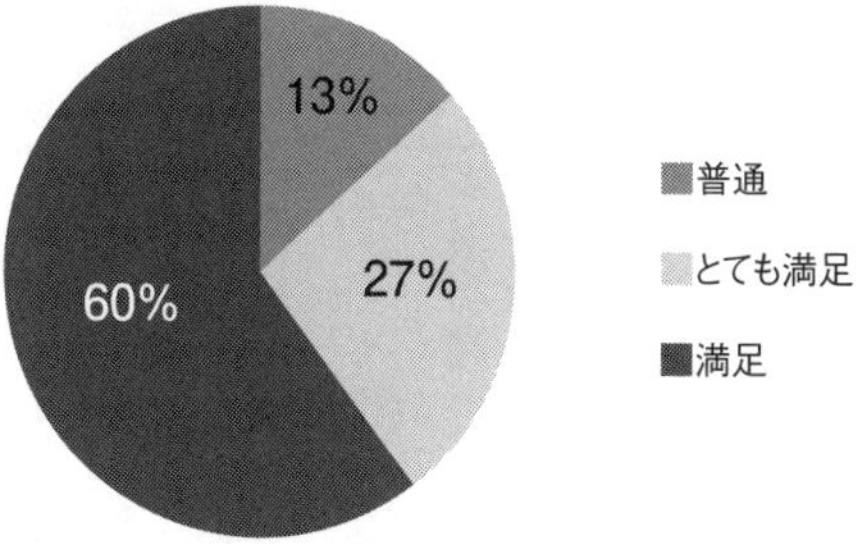


著者作成

なっており、ビジネスマナーやスキルを見直すきっかけになる

③独自開発したＷＥＢシステムを使用することで、回答や順位をリアルタイムで知ることができ、スムーズなイベント進行が可能

④研修よりも楽しく、レクリエーションよりもためになる

## 事例③ ＳＤＧｓビジネスゲーム研修「ワールドリーダーズ」で持続可能な企業経営を学ぶ

### ●あそぶ研修を実施した経緯と目的

Ｚ社では、２日間の研修のいちばん最初にＳＤＧｓゲームを実施しました。研修全体のテーマは、チーム

として今後どのような方向性で動いていくのかを話し合うというもので、まずはビジネスゲームでSDGsという新しい考え方を取り入れることや、参加者同士の心を開き、その後の研修での議論を活発にすることを狙いとしました。

また、Z社では過去にも謎解き脱出ゲームやコンセンサスゲームを実施したことがあり、なにか目新しいチームビルディングのイベントをやりたいという希望もありました。

## ●当日のアクティビティの内容

研修では企業経営を体験できるSDGsビジネスゲーム「ワールドリーダーズ」が選ばれました。労働力と資金を使って事業を拡大し、利益を生み出すことが主な目的です。ターンをいくつか繰り返し、最終的にいちばん多くの資金をもっていたチームが勝利となります。

当日は4つのチームに分かれて研修を行いました。ターンごとにチームに労働力と資金が配布され、参加者はそれを基にさまざまなアクションを起こしていきます。また、各ターンの終了時には、世界の状況を表す環境、社会、経済の値が発表されますが、これらの値は、各チームのアクションの結果によって変動するため、次のターンで発生するイベントや、ゲーム終了時にもらえるボーナス資金額に影響します。つまり、労働力や資金だけでなく、刻々と推移していくその他の値にも注意しながらアクションを選択していかねばなりません。

例えば、事業カードのなかには「あくどい～」や「環境に配慮しない～」など、資金を多く稼ぐことはできるが、環境・社会・経済の値が大幅に下がるような特殊事業カードがあります。このようなカードを使って資金を多く稼ぐことに振り切るか、別の戦略を選ぶか、ほかのチームの動きも見ながらの慎重な選択が必要になります。

### ●ゲーム中の参加者の様子

ゲームがスタートしてすぐ自分たちのチームはどんな戦略でいくのか、なんの事業を立ち上げるべきなのか、チーム内での話し合いが始まりました。制限時間内にいい結果を出すために、最初が肝心という意気込みが伝わってきます。

ターンを重ねていくと、自分たちのチームに必要な事業はなにか、足りない資源はなにかなど、やるべきことが明らかになってくるので、ほかのチームとの交渉が活発になっていきます。交渉中には私たちはクリーンなことをやっている企業なので、そんなあくどい事業カードはいらないだとかその条件でよく交渉に来たななどと、冗談じみた楽しそうな会話が飛び交い、ゲームに熱中するとともに和気あいあいとした雰囲気が醸し出されてきました。

ゲーム終盤になってくると、不買運動カードやストライキカードなど、SDGsに反する事業を行っているチームにペナルティを与えることができるアイテムカードを使用するチームが増えてきます。アイテムカードを使用することで、そのターンの利益が減ったり、労働力コマを没収したりすることができるので、各チームの攻防が繰り広げられていくのです。

最後の結果発表では、参加者たちから自分たちが1位だと思っていた、どこで間違えてしまったのかなどさまざまな声が上がっていました。また、その後しばらくしてあなたのチームはどんな戦略で動いていたのか、第3ターンであくどい事業に踏み出したけど、それが間違いだったのかなど活発な会話が続き、興奮が冷めない様子が見えました。

## ●ゲーム後の参加者たちの声

参加者からは次の3点が良かったとの感想がありました。

・これまでにやったことがない新しいゲームで魅力的だったこと
・経営判断が求められ、難しかったが面白かったこと
・メンバーの普段とは違う側面が分かるなどチームビルディングができたこと

また、1位になったチームにインタビューをしたところ、最初にＳＤＧｓにとって良い事業を行っていくことを戦略として決めていたので、あくどい事業などには手を出さなかったということでした。自分たちの戦略を最初に決めて、それに従い行動していくことはさまざまな場面で活かせるので、非常に勉強になったということです。

**●なぜ目的達成できたのか**

①高い没入感……ＳＤＧｓという堅苦しいイメージを覆し、ＳＤＧｓに興味がない人たちも没入できる
②ＳＤＧｓが身近になる……ゲームを通じてＳＤＧｓについて知り、学ぶきっかけをつ

くることができる

③世界の理想だけを追うのではない、生々しいコンテンツである……世界の環境・社会・経済も気にしなければいけないというビジネス視点からSDGsを感じ、考えることができる

④チームビルディングができる……チームで戦略を練り、刻一刻と変わる状況下で、その場に合った選択をしていかなければならないため、深いコミュニケーションを取ることができる

## 事例④　オンライングルメバトルでレクリエーション

### ●あそぶ研修を実施した経緯と目的

グルメバトルを実施したソフトウエア開発を行うN社は、普段からオンラインのレクリエーションを頻繁に実施しています。全体を対象にしたイベントは月1回ほど、部署ごとの開催はもっと多いということです。レクリエーションの内容としては飲み会やクイズ大会などが多いそうですが、今回は年末に恒例の忘年会をオンラインでするにあたり、リ

モートでできる謎解きゲームを導入することになりました。N社の担当者はあそびとともにフードも楽しめる点に興味を抱き、追加で導入することが決まりました。

**●当日のアクティビティの内容**

グルメバトルはイベント・余興型のフードエンターテインメントサービスです。有名レストラン出身のシェフが考案した4品の超高級アラカルト料理を、参加者の手元にデリバリーします。そして1品ずつ料理を食べていき、各料理の予想金額と合計金額を当てるというゲームです。動画を使って進行していくためMCを準備する必要がありません。

**●担当者から見た参加者たちの反応**

担当者に当日の参加者たちの様子を尋ねると、みんな楽しんでいたという言葉が返ってきました。

また、今回はオンラインということで海外に住んでいる人も参加していました。さすがに海外までフードのデリバリーはかないませんでしたが、仲間が食べている姿を見るだけでも楽しいという意見もあり、テレビ番組を見ているような感覚で楽しめたことが分かります。

**●目的達成できたポイント**

①離れた場所にいても、ともに食を楽しむという共通体験を得ることができる

②ランチ向きのお手頃プランから高級食材を使ったぜいたくプランまで予算に合わせて選択可能で導入しやすい。またメニューも和食・洋食・中華から自由に選択できる

③ほかのオンライン研修と同時に実施できる。今回はグルメバトルでアイスブレイクをし、その後にチームビルディングに役立つ研修をしたことで、それぞれ単体で行うよりも相乗効果で達成度がアップする

## 事例⑤　オンライン謎解き「リモ謎」で企業の理念浸透・風土醸成

**●あそぶ研修を実施した経緯と目的**

F社は法人・個人事業主向けの事務管理効率化クラウドサービスを開発・運営する会社

で、クリエイティブな仕事ができるよう福利厚生や社内人事制度などにこだわりをもっています。

F社では、今まで年間数十件のリアルの社内イベントを行っていましたが、新型コロナウイルスの影響でリアルでのイベントができなくなりました。企業の理念浸透や風土醸成のために役立ってきたので、イベントを廃止するわけにはいきません。そこで代わりの手段がないかを模索し、私の会社のサービスを知りました。さまざまなオンラインイベントがあるなかで、採用したのはオンラインの謎解きゲーム「リモ謎」シリーズです。

### ●当日のアクティビティの内容

リモ謎は、リモートワーク環境下でもチームビルディングできる、多拠点でも実施できるよう開発された、企業専用のオンライン謎解き脱出ゲームです。ビデオチャット通話を使って大人数での参加可能なコンテンツになっています。

ゲームの内容は、ＡＩの暴走により電脳都市に閉じ込められてしまった世界から謎を解きあかし、緊急脱出装置を探し出して、チームで協力しながら脱出を目指します。今回は

AチームとBチームの2班に分かれて挑戦しました。

### ●当日の参加者たちの様子

はじめにビデオチャットの各部屋に分かれて、簡単にあいさつを交わしたあと、アイスブレイクとして練習の謎解き問題にチャレンジしました。参加者は頭を悩ませ、答えを聞くと納得の声が上がり、これで場の空気がずいぶん和みました。

次にメインルームに場所を移し、まずはそれぞれのチームリーダーからあいさつで宣戦布告し、メンバーに活を入れるリーダーもいて、参加者からは笑顔がこぼれました。

いよいよ謎解きが開始すると、Aチームは謎解きが得意な人を中心にみんなで分担して挑戦していきます。誰かが問題が分からないと言うと一緒に解こうと声を掛け合う姿や、問題を解くたびに一喜一憂する姿が印象的でした。

Bチームは、謎解き経験者はいなかったものの、始まってすぐに役割分担が自然にできており、問題をそれぞれの人が受け持って挑戦していました。問題に詰まると、問題を交換してみるというすばらしい連係プレーもありました。そして、制限時間1時間のところ10分を残して見事に脱出成功となりました。

脱出できなかったAチームも最後まで諦めることなく、脱出まであと1歩のところまで到達することができました。

## ●イベント後の参加者たちの声

イベント直後に参加者たちに感想を聞きました。熱のこもったコメントが多数上がりました。

・楽しかった！　またやりたい！
・結構難しくて頭の体操にもなりました。
・難しくてひねりが多かったです。1人ではクリアできないなと思いました。タイムリミットがあり、緊張感のある空間で焦る！　いい体験ができました。
・非常によくできていて、こんなのがやりたいと思っていました。利用させていただきたいなと思ったので、また是非ともお願いします。
・いやぁ～悔しいですね～。でも楽しかったです！
・自分がどこの問題でこのチームに貢献できるかなとか考えていたんですけど、難しくて……。チーム感はまだ改善の余地がありそう！　チームでうまく分散したら、きっとクリアできた気がするから、めっちゃ悔しい！

・人によって解ける問題、解けない問題があったりするので、問題を入れ替えることで解けたりして、そういうチーム関係の良さを感じられました。あと、最後の問題も、みんなで知恵を出し合って解けたので、チームの良さを感じるような問題になっていたなぁと思います。

### ●今回得られた6つのメリット

①3密を避けて完全非接触で行えた
②オンラインでもチームビルディングができた
③実施後に振り返りの時間を設けることで、楽しかった、悔しかったで終わることなく、今後の業務にフィードバックし活かしていける
④普段顔を合わせることがほとんどない支店同士をつなぐことで、交通費や宿泊費をかけることなく多拠点の社員とつながれた

⑤映画のワンシーンのような細部にわたる細かな演出により、世界観に惹き込まれた
⑥スタッフが各チームのゲームの進行を見守り、窮地に追い込まれた際には必要に応じてサポートするので、謎解きが苦手でも楽しめた

## 事例⑥　満足度100%のオンライン防災謎解き研修「崩れゆく会議室からの脱出」

### ●あそぶ研修を実施した経緯と目的

未曾有の大津波により大きな犠牲を出した東日本大震災から早10年以上が経ち、地震や津波による災害から身を守るため、防災に対する意識の向上と防災知識を得ることの必要性は年々高まっています。しかし防災を推進しようと検討するなかで、もっと全員で楽しみながら防災のことが学べるコンテンツはないかと考える企業が増えています。今回実施した機器メーカーであるC社も同様の課題を抱えていました。そこで防災を楽しみながら学べる謎解きコンテンツを紹介したところ、実施することに決まりました。

### ●当日のアクティビティの内容

防災士監修のもとに作成されたオンラインで楽しめる謎解きゲームで、防災に関する謎解きをしながら余震の危険性や適切な避難場所などの防災知識、防災の大切な心構えである自助と共助の考え方を身につけることができます。

また「崩れゆく会議室からの脱出」というゲームタイトルが表すように、役割分担が必要なゲームで、チーム内でのコミュニケーションを活性化することができます。さらにプロのMCによる本格的な世界観の演出により、防災をリアルに楽しく学ぶことができます。

## ●当日の参加者たちの様子

ゲームは鳴り響くアラート音、そして画面上で再現されるリアルな地震シーンという臨場感たっぷりの演出から始まります。ビルの耐震システムが故障してしまったため、残された1時間で謎を解き、耐震システムを復旧させて脱出しなければなりません。

チームに分かれ、メンバー全員で協力して謎解きを行いますが、なかには参加者の子どもも同席しており、どんどん謎を解いていくので大人たちが舌を巻く場面もあります。

謎解きを進めると、地震以外についても考えなければいけない局面が出てきます。どう行動すれば安全にみんな脱出できるか、情報収集や取捨選択をしながら進まねばなりません。焦らず冷静に判断・行動するメンタルも求められます。本当にあり得るかもしれない臨場感のなかで、全員が息をのんだり白熱したり、さまざまな表情が見られました。

### ●参加者の満足度

実施後にイベントの満足度についてアンケートをしたところ、非常に満足した、やや満足した、の合計が100％でした。また、防災についての学びや考えるきっかけになったかという質問に対しても、きっかけになったという回答が100％でした。個別のコメントでは次のような声がありました。

・日々の暮らしに役立つ防災の知識を得ることができた
・チーム内の家族とも会話でき楽しかった
・防災という身近なテーマを、ゲームを通じて学べたから興味がもてた
・オンラインを介して、各地に勤務する仲間とつながれる機会となった
・とても良いきっかけになった。東日本大震災からだいぶ時間が経っているので防災に

Q1. イベントの満足度を教えてください。

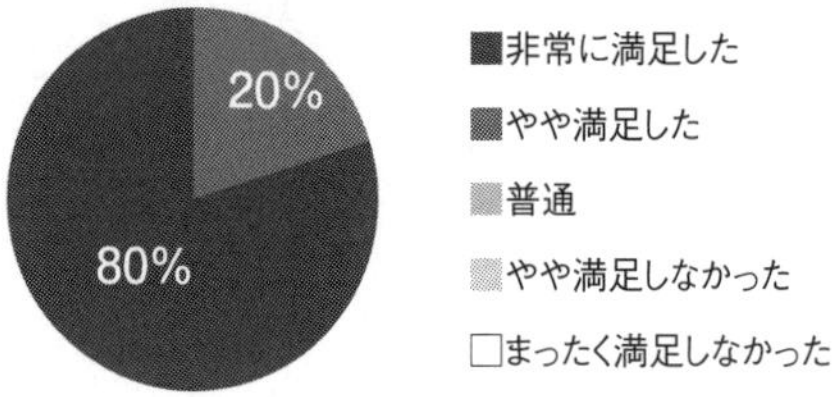


Q3. 防災についての学びや考えるきっかけになりましたか。

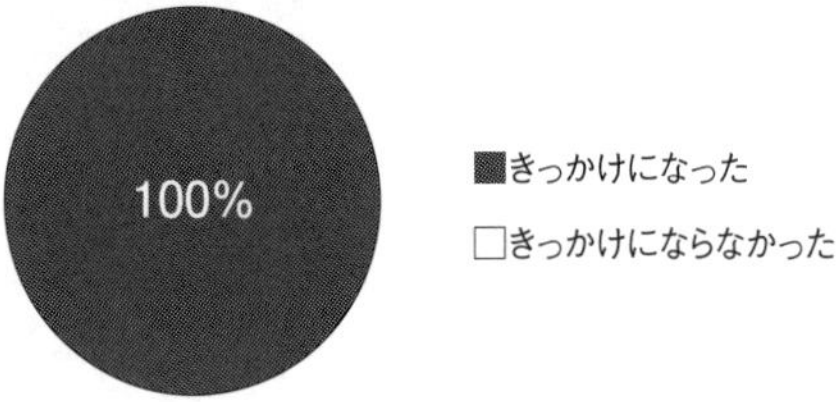


著者作成

対する意識が薄れていた
・ケースバイケースだが、どんな行動をとるのが必要なのかを楽しく学べた
・さまざまな角度から、どこに避難するかを考えることができた
・単なる謎解きではなく、リアルな状況に置き換えて考える設問が良かった

今回のイベント実施で、防災の知識を得つつオンラインで仲間とつながることができたことが分かります。

●なぜ効果があったのか

①脱出という目標を達成するために全員が話し合って意見をぶつけ合うという必要性が生まれ、チームビルディングが促進された

②大人から子どもまで幅広い年代で一体感が得られ、楽しく防災についての知識を学ぶことができた

③リアルな体験を通して防災意識が高まり、防災を考えるきっかけやその後の具体的なアクションを起こすきっかけができた

## 事例⑦　組合員の子どもも一緒に交流促進「オンライン総合プロデュース」

●あそぶ研修を実施した経緯と目的

化粧品の製造・販売を行うS社では600人の労働組合員に向けて、働きやすい環境を作るための活動をしています。これまでも組合員同士の親睦を深めるため活発にイベントを実施してきましたが、コロナ禍でリアルのイベントができなくなり、オンラインででき

るイベントに切り替えて間違い探しゲームなどを実施していました。

実際にオンラインで実施してみると、会場までの移動が不要、家族で参加できるなどオンラインならではのメリットも見えてきました。今年もオンラインでのイベントをやりたいと考えていたとき、私の会社のオンラインサービスを知り、問い合わせが来たという経緯です。

予算や組合員の子どもも一緒に参加できるものをという希望から、今回はメインイベントである謎解きゲームから、バーチャルのイベント会場での懇親会、オンラインフードデリバリーによる食事の手配までトータルで提案する「オンライン総合プロデュース」を紹介することになりました。

## ●イベント成功のポイント

今回、子どもも参加するということで料理も「お子さまセット」を開発しました。リモート時代で一緒に同じ食事が食べられないことが増えているなかで、大人も子どもも同じ体験ができることは貴重です。それが付加価値になり、自主開催時のオンラインイベントより参加者が400％に増えたのだと考えられます。

## 事例⑧　組織再編後のチームビルディングに活用「リモ謎」

### ●あそぶ研修を実施した経緯

通信事業のN社では、コロナ禍になる10年以上前からリモートワーク制度を導入しており、現在では全社員の8割超がリモートワークを実施しています。今回あそぶ研修を実施した部署は、各自が専門的な知識や技術をもったスペシャリスト集団で、長年の実務経験をもった社員が多く、比較的熟年層が多い組織です。

4月に社内の組織再編があり、2つの組織が1つの組織となってスタートしたため、部門や担当を超えた社員間の交流が急がれました。部内のチームビルディングを促進するために採用したのが、オンライン謎解きゲームでした。

従来実施してきた集合形式での開催は難しいと判断し、完全なリモート環境でのチームビルディング研修を開催できるプログラムを探すなかで、「リモ謎」をWEBニュースで見かけ、問い合わせに至ったということです。

オンラインでなにかしらツールを使って行う同種のサービスではあったのですが、そのなかで最もゲーム寄りだった「リモ謎」が選択されました。担当者によれば、デモ版を提供したこともあって実際の流れがイメージしやすく、当日なにが問題になってくるのかという想定をするのにとても役立ったということでした。また、謎解きの得意不得意はあっても、1問でも回答できれば楽しむことができ、楽しく参加できそうだと思ったのだそうです。

そして2020年7月に、全4回にわたり部署内研修として実施されました。実施の目的は2つあります。今まで関わりのなかった部門や担当者ともコミュニケーションを図って、互いがサポートし合える関係につなげていくこと、そして、アフターコロナに向けてリモート環境でのコミュニケーション力向上のきっかけをつくることです。

### ●当日のアクティビティの様子

初対面の人が多かったのですが、そのなかでもスムーズに交流できるように、あえて部門と担当をシャッフルしたグループ分けにしました。

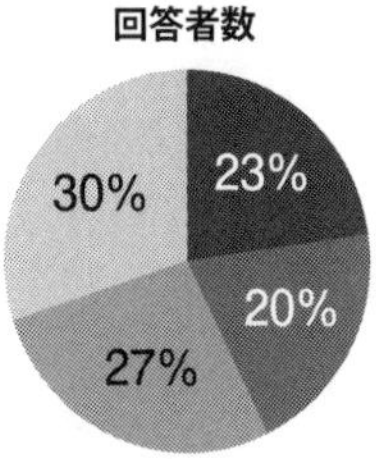


■ 7月8日（水）……21名
■ 7月10日（金）……18名
■ 7月14日（火）……25名
■ 7月16日（木）……27名

参加者約140名
（管理者・主査・社員）
のうち回答者91名

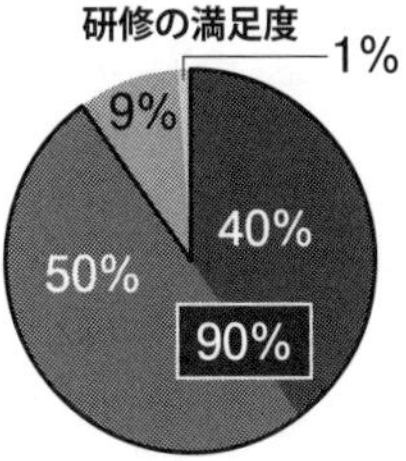


■ たいへん有意義だった……36名
■ 有意義だった　……46名
■ 普通　…… 8名
■ 有意義でなかった　…… 1名

全体の約90%が
「たいへん有意義」「有意義」と回答

著者作成

なにを目的にゴールに進んでいくのかという目的の共有がシンプルだったので、チーム内で自然に声を掛け合う事象が起きていました。分からなくて悔しいという感想もありましたが、それこそ積極的に参加している証です。

謎解きに詰まるとスタッフがヒントを出したりフォローしたりするので、途中で嫌になってしまうことなく、最後まで楽しみながら達成することができました。

### ●研修後に確認された効果

研修についてたいへん有意義だった、有意義だった、普通、有意義ではなかったという4択の質問をしました。回答者のうち40%がたいへん有意義、50%が有意義と回答し、90%の効果が確認されました。

残りの1割もほとんどが普通というマイナスではない回答でした。1人のみ有意義ではないという回答があったのですが、詳しくコメントを見ていくと、謎解きが苦手だったので、チームのメンバーの役に立つことができず、自分にとって有意義ではなかったという感想でした。チームを思っての反省という意味で、それもチームビルディングにつながっているのではないかと思います。

初対面の人が多いチームでも知恵を出し合い協力しながら、一つひとつ問題をクリアしてゴールを目指すというプロセスを経験できたことでチームビルディングが促進されたといえます。

### ●イベントを踏まえて担当者が語る今後の抱負

N社の担当者に今後の抱負を聞いたところ、ウィズコロナ時代のなかでこういった取り組みが一過性で終わらないように、定期的にコミュニケーションを取れる場や仕組みづくりを人事育成担当で検討し、実際の業務にも活かせるものを実施していきたいという答えが返ってきました。

また、やはり業務に活かせるものや業務に関わる専門知識やスキルを身につけたいという声が多かったそうで、今後はそれらを達成できる研修も必要だと考えているとのことでした。

ここまでに挙げた8つの事例はほんの一部ですが、働き方や働く価値観の多様化が進むなかでのチームビルディングやエンゲージメントという、過去に経験がない課題に対してあそぶ研修が一つの解決策になるとしたらこんな光栄なことはありません。

［第5章］

# 企業がもっと「あそび」に目を向ければ、日本はもっと元気になれる

## 「あそび×学び」はすでに教育界のトレンド

あそぶ研修は老若男女誰もが楽しむことができ、多くの人とコミュニケーションを取ることに向いており、非日常的な環境でストレスなく共有体験を生むことができます。また、興味の薄いことでも体験を通じて楽しみながら学ぶべきことを吸収できるという点でロスが少ない、ある意味で今の時代にあった研修方法だと考えています。半面、継続的な学習やインプットには不向きであるため、従来の研修やeラーニングなどと組み合わせることで、社員に対してより多様で質の高い研修プログラムを提供していける可能性があります。

「あそび×学び」という切り口で学習教材や学習イベントを開発する動きは、近年いろいろな企業から生まれてきています。例えばゲームセンターなどのアミューズメント施設を全国展開している某会社では、エデュケーション（教育）とエンターテインメント（あそび）を掛け合わせた「エデュテイメント」という言葉を掲げ、教育分野に進出し始めました。キャラクターと一緒にゲームをすることで自然に数の数え方や言葉を学んだり、イベントで子どもたち自身に発言や発表をさせる機会を設けて表現力や考える力を育んだりといった取り組みを始めています。

また、小学生向けのオンライン学習講座の分野には「あそび×学び」という点で非常に参考になる企業が多いです。例えば作り込まれた脚本やスライドショー、クイズやジェスチャーを駆使した企業、はたまたマインクラフトをはじめとしたWEB上で人気のゲームを教材にしている企業もあります。

このように「あそび×学び」は注目の社会テーマになってきているのですが、そのほとんどは子ども向けの事業です。机で勉強する学習への問題提起から生まれたムーブメントなので、学齢期の子どもたちの学びの在り方が対象になるのは当然の流れです。

私はこの仕事を10年続けるうちに、あそびは私たち働く大人にこそ必要なのではないかと思うようになりました。利益を上げることが目的である会社においても、組織のメンバーが互いのことを知り、新しい知識を得て、心理的安全性をもって仕事をすることはとても重要です。その環境を会社側が作ることは事業の目的にもかなうのではないかと思います。エンゲージメントが高い組織は事業でも高いアウトプットが出せるはずです。

多くの企業は採用には潤沢な予算やリソースが確保されるのと比較して、社員の生産性向上や定着においての対応は散発的であり場当たり的だといえます。今後ますます進行する働き方の多様化と労働人口の減少を受け、あそびはビジネスに必須とまではいわなくても、エンゲージメント向上のための施策の一つとして検討に入れることは決して不自然なことではないと考えます。

## 効果的にあそぶには「目的・手段・仕掛け」が重要

ただし、もちろん単にあそぶだけでは十分な効果を引き出すことはできません。効果的にあそぶには「目的・手段・仕掛け」をしっかりと検討することが大切です。

目的とは、自社が解決したい課題のことです。社員のモチベーションを上げたいのか、企業理念を浸透させたいのか、チームビルディングをしたいのかなど、私たちが商談時に入念に確認するのはそういった目的についてです。多くの場合目的は一つではなく、複合的であることは理解しています。チームビルディングを行いながら理念を浸透させたい、レクリエーションも兼ねて人事と学生の垣根を除きたい、普段会わない人とコミュニケーションの機会をつくることを兼ねたい、新人研修でロジカルシンキングと交流を兼ねたいなど……課題を明確にすることで選ぶべきサービスもはっきりと見えてきます。

手段というのは、あそびのメニューのことです。人数や時期、解決したい課題に合わせて適切なあそびを選びます。大勢での交流を目的とするなら屋外でするレクリエーション系のあそびが向いている可能性がありますし、リモートワーク中の社員に参加してほしいならオンラインも選択肢に入ります。また、企業理念の注入なら頭を使うタイプのあそびと組み合わせるほうが親和性は高いと思います。ストレス発散しながらチームビルディングをしたいならチャンバラ合戦やサバイバルゲーム、運動会など体を動かすアクティビティが良いと思います。ベテランが多いならＳＤＧｓや防災系は体力や頭脳に差が出にくく、意外な人が活躍したり、知見を共有できたりするという意味で面白いかもしれません。このように参加者が実際にあそぶ姿を思い浮かべながら決めるのがよいと思います。

最後の仕掛けというのは参加者を惹きつけ、あそびに没頭させるポイントやあそびの難易度のことです。今の時代では、まず参加したいと社員に思ってもらうことが重要です。ゲームのような世界観を作り込んだり、オンラインイベントでも家族の参加を可能にしたり、ベテランでも若手でも男女国籍関係なく活躍できるものかなどで、参加者の数は大きく変わります。また、あそびが難し過ぎても簡単過ぎても良くありません。全員が楽しめるちょうどよい難しさを見定める必要があります。私の会社では担当者が思うよりも少し簡単くらいの難易度を提案しています。とはいえ、それでも実際にどうなるかは蓋を開けてみないと分からないこともあります。

さらに、あそびと学習のバランスも考えなくてはいけません。あそびの比重が大き過ぎて楽しかったことしか覚えていないと学びが薄くなってしまうからです。かといって学習に偏り過ぎると、せっかくのあそびの良さが損なわれます。個人的な印象では、楽しさ7割、学び3割くらいが最もちょうどいいと思います。

ただ、目的・手段・仕掛けの3つを整えてあそぶ研修やイベントを実施しようと思うと、必然的に担当者はかなりの労力をかけることになります。予算がかかるだけでなく担当者の負担が大きいことが、近年こうしたイベントが一時的に減少した理由でもあると思います。業務時間外で集まって企画することはすばらしいですが、なかなか今の時代ではその時間を捻出することにハードルがありますし、なによりオンライン研修・イベントやハイブリッド型イベントになると途端に配信技術や映像技術などノウハウの不足がそのまま研修やイベントの失敗につながってしまうようになりました。

私の会社でコロナウイルス発生後の問い合わせがそれ以前の10倍以上に達したのは企業側の不安の表れだといえます。こうしたイベントは外部も使いつつ検討するのが今後のスタンダードになるように思います。外部を使うことで、担当者は目的の達成に集中できるようになりますし、社内調整に専念できます。当日は緊張で水も飲めない、といった状況ではなく一緒に楽しむくらいがあそぶ研修の目的とするところです。要望によってはオリジナルの謎解き脱出ゲームを制作したり、目的に合わせたゲームを考案したりすることも多く、自社オリジナルのあそぶ研修をつくる企業は増えていると感じます。

## 企業でやるからこそ楽しいあそび

また、最近では大手企業を中心に少なくない数の企業が、1年に3回以上のあそぶ研修や体験型の社内イベントを開催しています。1年以内のリピート率（同じ企業からの再注文）は直近2年では実に30％を超えているほどです。そしてその理由を探っていくと、多くの企業は実は1年中なにかしら社員と接点をもちたがっている、また接点をもつ必要があると考えていることが分かりました。私の会社は企業の課題解決のためのあそびを開発するに従い、イベント事業から研修事業へと事業を拡大してきた経緯があります。結果としてはそのとおりで、企業は春は新人研修や花見、懇親会、夏は納涼祭、9月は防災の日、秋は運動会やファミリーデー、年末は忘年会やクリスマスパーティ、年が明けたら新年会、年度末までに社内旅行やレクリエーション、社内研修、内定者研修など、あらゆる場面で「みんなでなにかしたい」というニーズが常に生じているのです。

特に直近では飲みにケーションに頼れなくなったことで、一緒に働いている時間は長いのに打ち解けたコミュニケーションが取れないといった課題や、リモートワークの普及で接点が減ったことで突発的な退職や定着がうまくいかないことに悩みがちな企業にとって、あそぶ研修はピッタリなのかもしれないと考えています。

## アメーバ型組織だからスピード感のあるあそびの開発が可能

クライアントごとに最適化したあそびをプロデュースするために、特に私が力を入れているのが商談時のクライアントへの徹底したヒアリングと提案です。あそびは楽しくなければなりません。実施時に担当者のみならず、参加者の顔も直接見るのがこの仕事です。あそんだあとに両者から良かったと言ってもらうことが仕事をするうえでの最高のモチベーションになるので、期待以上の楽しさを提供したいという強い思いが社内の全メンバーにあります。

ヒアリングや提案は「あそびコンサルタント」が行います。あそびコンサルタントは文字どおりあそびのプロです。多様なあそびの特性を知っているだけでなく、企業のニーズも熟知したコンサルタントです。ヒアリングした内容を基に、目的に合わせて既存のサービスをアレンジしたり、目的を満たすものが手の内になければ新しいサービスをつくったりすることもあります。客先でうまくいったオリジナルサービスを、その後そのままサービス化することも珍しくありません。実際、元からあったのは創業時から提供しているチャンバラ合戦くらいで、今あるサービスのほとんどはクライアントのニーズに合わせてあとから開発したものばかりです。

なぜ積極的にサービス開発をしていけるのかというと、1つは確実にニーズがあることをつかんでいて、そこにサービスを投下すればコスト回収ができるという、確度の高い見込みが立った状態で開発を決めているからです。コストがかかっても確かな課題が分かっていれば、リスクは大きくありません。さらに、サービスリリース後も研修やイベント時に課題が見つかればより良くするための改善を行っています。開発と改善のサイクルがきちんと回っているからこそ次の課題に挑めるといえます。

もう1つは、メンバーにさまざまな領域の「あそび」のエキスパートがいることです。ある者は謎解き脱出ゲーム、ある者はサバイバルゲーム、またある者はマーダーミステリー……といったように、知らず知らずのうちにあそびのエキスパートたちが集まってくれるようになりました。彼らはすでにそのあそびの良さも悪さも分かっており、ノウハウや技術、情報や人脈といったお金を払ってもなかなか得られない知見を積極的に共有してくれますし、なによりあそぶことを心から楽しんでいます。

そして、そういったメンバーがセクション関係なく、サービス開発時には集まり、組織横断的に開発プロジェクトを立ち上げて動き出します。

このような体制が取れるのは、私の会社がアメーバ型組織であることが理由に挙げられます。私の会社では社員に2つ以上の異なる仕事に関わることを奨励しています。あそびコンサルタントはセールスのみしていればよいということではなく、担当した案件の企画や当日のイベントディレクションも行います。イベントの運営のプロであるあそびプランナーがYouTubeの企画やデザインをしたり、マーケターがSDGsプロジェクトを推進したり、謎クリエイターがイベントのMCをすることもあります。そして誰でもアイデアがあればサービスを開発提案することができます。メインとする仕事だけでなく複数の業務に関わることで、ほかの部署と連携が必須になり、互いの理解が深まります。また、自分が手掛けた案件がどのように形になり、どうして成功したのか、課題はなんだったのかなどを自分の目で確認することができます。エリアをまたいだ業務改善のディスカッションも、プロジェクトやイベントのなかで自然と起こっています。

もちろん効率面や管理の難しさなどの問題はありますが、仕事への納得感や相互理解、スキルアップの自由さはそれ以上の価値があると信じています。

社員一人ひとりに自由と責任を両立してもらうことで、会社からの指示待ちではなく社員それぞれがリーダーシップをもってほしいと考えています。それぞれの社員のもとでプロジェクトが進むことで、社員間に上下の関係は生まれにくく、フラットなコミュニケーションにつながります。

入社順や年齢による先輩後輩はもちろんありますし、役職上の肩書きの違いはありますが、誰に従うかではなくなにをやるかで仕事が進むようになっています。

さらに、あそぶ体験を通して組織のエンゲージメントを向上させる、コミュニケーションを最大化する、学びと楽しさのバランスというテーマに日々向き合っているため、自ずと同僚に対する考え方・接し方もエンゲージメントに基づいたものになっていると感じます。社内でマウントを取ることが自分や会社のためにならないと、みんな分かっているという点も大きいと思いますし、こうした社内の仕組みや風土が結果としてスピード感のあるあそびの開発力と柔軟性のある組織文化につながっていると思います。

## デジタル時代だからこそ「あそび」に価値がある

会社を創業して7年目に、現在のパーパスである「あそびの価値を高める」を掲げました。その理由は、もともとはデジタルマーケティングから始まった会社でしたが、その頃には社員もチャンバラ合戦をやるためにいるという感じで、事業の方向性をはっきりさせる必要があったためでした。また「あそびの価値を高める」は、私自身が感じていたエンターテインメント業界の厳しさや、与える価値と比較して利益が少ないことを念頭に置いた、世に必要としてもらえる付加価値の高いあそびを生み出し、届けるという決意表明でもありました。

現在は企業のあそぶ研修でもリアルよりもオンラインでの研修やイベントの需要が高い状況ですが、私はあそびの基本はやはりリアルのなかに詰まっていると思っています。

デジタルの時代になって、大企業を中心に今後もデジタルツールの進化を背景にしたオフィス縮小や組織やコミュニケーションの効率化、リモートワークの定着を目指す流れは不可逆だと思います。ただ、そのなかでも間違いなくリアルのコミュニケーションは必要不可欠になっていき、むしろハレの日として、期待値の高いものになっていくと予想しています。みんなで集まってなにかするということそのものが目的になり、定点でのエンゲージメント向上は経営のなかでも一定の要素になってくる可能性があります。

コミュニケーションをすべてデジタルで代行することには無理があります。情報だけならデジタルでいくらでも送り合えますが、細かい感情や温度感はやはり伝わりません。

昨今はコロナ禍で中止されていたリアルのイベントも軒並み復活してきています。コンサートやスポーツ観戦、野外フェスなど、次第にコロナ禍前の状況に戻っていくと予想しています。企業の社員向けの研修やイベントについても、みんなで時間と場を共有し、顔を合わせてコミュニケーションするということが再評価されるに違いありません。

## オンラインのあそぶ研修の需要は落ちない

その一方で、オンラインでできる研修やイベントの需要も引き続き伸びていくと思われます。大企業を中心にテレワークは定着しており、働き方の多様化に対応しないと企業も生産性を維持できなくなってきています。採用時からそのような条件で就労している人も増え、不可逆的な流れだと考えています。以前のような出勤スタイルが完全には戻ってこないことを考えると、オンラインでできる研修やイベントのマーケットは縮小しません。

むしろオンライン×リアルのハイブリッド型の需要が新たに顕在化してきて、リアル、オンラインと並ぶ第3のハイブリッドマーケットができると思われます。

**アフターコロナのオフィスの可能性**

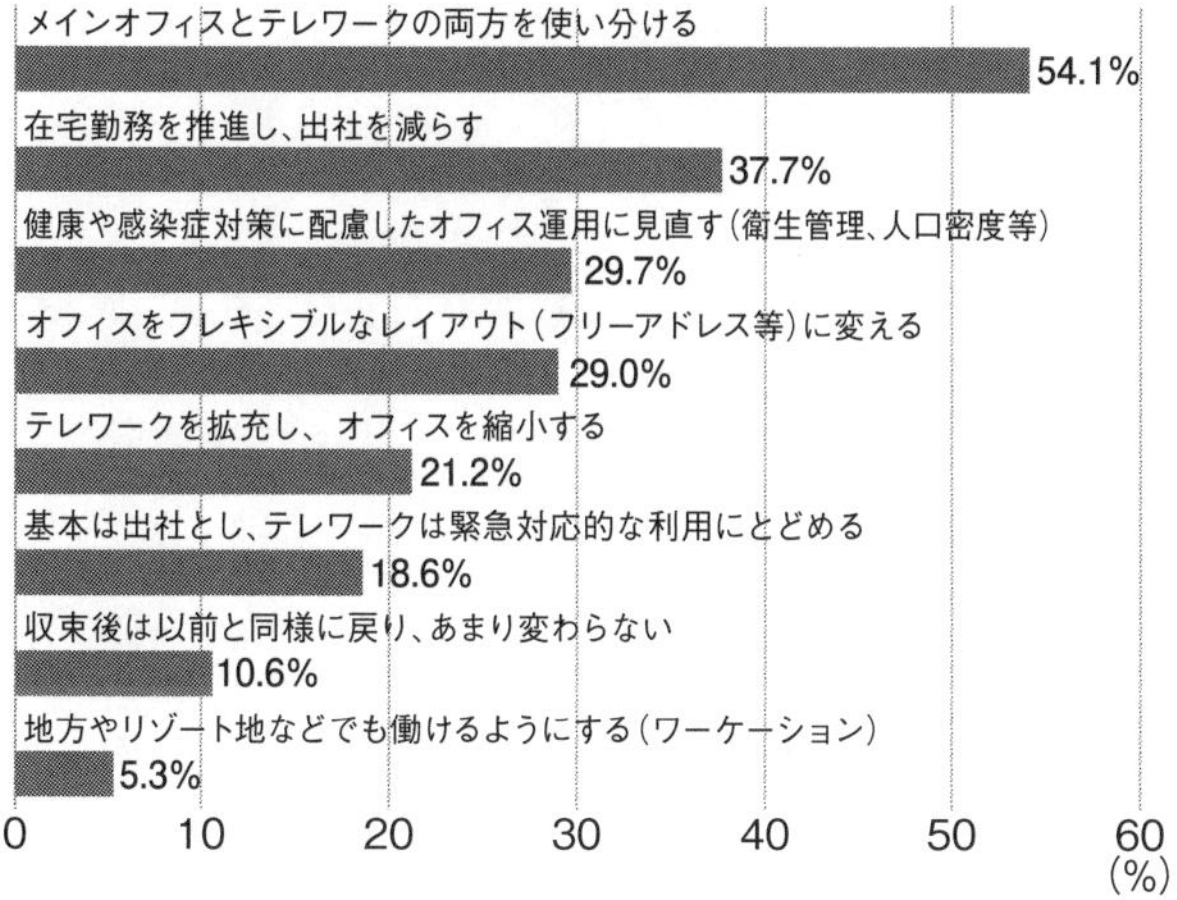


出所：ザイマックス不動産総合研究所
「働き方とワークプレイスに関する首都圏企業調査（2020年８月）」を基に作成

だからこそ私の会社は、企業や社会に必要なあらゆるあそびを提供できる、あそびのことならなんでも任せてもらえるあそび人が集う会社「あそび総合カンパニー」を目指すつもりです。

今後の展開としては現在の企業・自治体・商業施設向けのサービス事業を強化するとともに、将来的には海外進出も視野に入れ、特にアジア圏での展開をしていきたいと考えています。アジア圏は日本と文化的な共通点が多く、社員に家族的なつながりを求める傾向があるため、日本で培ったノウハウを応用すれば、まだ未開拓のあそびによるチームビルディングやエンゲージメントの市場を掘り起こせるのではないかと考えています。

## あそび場の提供のために企業向けの「あそぶ研修施設」をつくる

もう一つ、直近でやりたいことは国内（できれば東京都心）に自社のサービスをその場で楽しんでもらえる研修・イベント施設をつくることです。まだ名前を決めていないので、ここでは「あそぶ研修施設」と呼んでおきます。

なぜあそぶ研修施設がほしいかというと、企業側のオフィス事情が変わりつつあることと関係があります。

最近は大手企業でも在宅ワークやサテライトオフィスが当たり前になり、本社オフィスの縮小化をしているところが増えてきました。デスクは出社組の分とプラスアルファがあればよく、共有スペースなども最小限で間に合うので広いフロアは必要ありません。広くて家賃の高い物件から家賃の安いコンパクトな物件に移転して身軽になるという選択をする会社が増えているのです。

そうなると、社員を集めてイベントをやりたいと思ったときに自社内で大勢が集まれるスペースの確保が困難になります。ほかに会場を借りることになりますが、会場探しが大変だったり、借りたい会場を希望日に押さえられないケースがあったりといった問題が起きてくることが考えられます。そんなときにあそぶ研修施設があれば、いちいち会場を探す手間がなくなります。研修やイベントに必要な設備や道具やＩＴインフラなどもそろっているので、準備の負担も楽になります。

こう書くと、会議室や体育館、フットサル場ではダメなのかと聞かれるのですが、会議室でできるあそびは限られますし、世界観を作るのが難しいのです。体育館は早期に予約したい企業からすると使いにくく、飲食や会議ができません。フットサル場は屋外が多く、こちらも会議や飲食には不向きです。企業側としては、会議もしたいしあそびもしたい、飲食もできれば許可してほしいというニーズがあるのでなんとか実現できればと考えています。

国内に少なくとも一つはあそぶ研修施設をつくりたいと考えて今、社内でプロジェクトを動かしているところです。世の中に企業向けの研修所はありますが、あそべる研修所は日本初（もしかしたら世界初？）になるはずです。

## あそびとエンタメの価値を高めることもミッション

最後に、私がこの事業を通して目指しているのは、あそびやエンターテインメントの価値を高めることです。もっといえばこれらを愛する人がそれで生きていける世の中にしたいですし、その価値を示したいと考えています。

日本は漫画やアニメやデジタルゲームなど、エンタメの質と種類の豊富さでは世界随一といえます。スタジオジブリや任天堂はもはや世界中に多くのファンがいるグローバル企業です。国内のエンタメコンテンツは盛りだくさんで、しかも高品質です。しかしながら、働いている人が必ずしも恵まれた環境で仕事をしているわけではありません。

「アニメーション制作者実態調査報告書２０１９」によれば、国内のアニメーターの平均年収はおよそ４４０万円で、これは日本人の平均年収（４６７万円）よりも低い額です。そんなに大差ではないように見えるかもしれませんが、アニメーターは半数がフリーランスで固定給ではないことが多く、社会保障も脆弱です。特に若手の頃はアニメーターだけでは食べていけないことも多いのです。

一方、海外ではアニメーターの平均年収は日本円にしておよそ780万円といわれており、日本とは比較になりません。こうした差の要因はさまざまですが、アニメ以外においても日本のエンターテインメント業界は総じて働く人が我慢しているから成り立つ構造になっていることが珍しくありません。

私はこの現状をなんとかして、エンタメ、そしてあそびがもつ可能性や有用性をもっと世間に理解してもらい、価値を高めていきたいと思っています。

また、日本にはあそびは無駄なもの、勉強より重要度の低いものという認識が強く、無料もしくは安くて当たり前と考える風潮があります。半年かけて制作した謎解き脱出ゲームが2カ月で消費されてしまう、2時間のライブイベントであそぶのに一人3000円もかからないなど、これでは会社が利益を安定的に残すのは難しいと思います。私たちは豊富で質の高いコンテンツに囲まれてきた結果、業界を苦しくしてしまっている部分があるのではないかと思います。

これは消費者だけの問題ではありません。むしろ事業者側が質の高いエンタメやあそびのコンテンツを提供し、それに対する正当な代金や報酬を回収するというモデルをきちんとつくり、安定的な利益を確保することが大事だと思っています。

私は企業の課題解決に役立つあそびを開発・提供することで、より多くのシーンであそびが活用されるような機会や場所をつくっていくつもりです。防災やSDGsなど社会課題の解決にも、あそび特有の参加しやすさを活かし貢献していきたいと考えています。

そのためには、まずは一社でも多くの企業であそぶ研修を活用してもらい、その有用性に気づいてもらうことがスタートです。サービスには自信があります。一度使ってもらえば価値の高さは分かってもらえるはずです。それがあそびとエンタメの価値観を変えることになり、ひいては日本を元気にする推進力になると考えています。

## 企業に、大人に、もっとあそびを!

日本は子どもも大人も、やれ勉強だ仕事だと遊ばなく(遊べなく)なって久しいですが、一方でこんなにエンタメを愛している国もほかにありません。私たちは企業・自治体・商業施設・学校などあらゆるところに質の高いあそびのコンテンツを作り出すことで、あそびの地位を向上させていきたいと考えています。

教育評論家であり、約25年にわたり学習塾を運営し3000人以上の子どもを指導、成績向上に導いてきた石田勝紀は「できる子は『遊びの質』が優れている」と言っています。そして、質の高いあそびの要素として次の5つを挙げています。

①創造的、想像的である
②自然と触れ合っている
③集団的である（通信ゲームなど、電子的ネットワークを介するものは含まない）
④アナログである
⑤肉体的または精神的充足感がある

こういった質の高いあそびを体験することが無意識のうちに学びにもつながるため、必然的に学力が伸びていくのだそうです。これはある意味大人も同じで企業の側が質の高いあそびを見極めて社員に提供していくことができれば、職場でも自然な出会いが生まれ、相互理解が進んで職場が活性化し、心理的安全性が確保され、人材の定着や成長につながるはずです。企業はこうしたことのきっかけを意図的につくる、文字どおりの「あそび」を仕事にもち込んでもいいのではないかと思います。飲み会以外でも、ずっと一緒にいなくても、働き方が違っても、みんなで集まって顔を合わせる機会にあそぶ研修やイベントを考えてみるのは決して無駄なことではないと思います。

# おわりに

産労総合研究所の2020年度調査では、企業の教育研修費は「社員一人当たり3万5628円」とあります。社員100人の企業なら年間356万円、1000人なら3560万円が平均的ということになります。

この金額を多いととらえるか、少ないととらえるかは経営者の考え方や予算全体に占める割合によって異なってくると思いますが、投資できる額に限度がある以上、有効活用していかねばならないことには変わりありません。

有限な予算のなかでいかに効果の高い教育研修のプログラムを選択していくかを決めるとき、あそぶ研修が候補の一つとして普通に挙がり、合理的な理由として選出される社会をイメージして、私は事業を行っています。

日本においてあそびの価値はまだまだ高いとはいえない状況ですが、それでも新型コロナウイルスの感染拡大をきっかけにして少しずつ変わってきているとも感じます。コロナ禍前と比較して、企業研修としてのあそぶ研修やイベントの依頼件数は年間1000件を超え、月間100件以上を行う月も珍しくありません。大それたマーケティングをしているわけでもない私たちがコロナ禍を生き抜けたのは社員の頑張りもありますが、世の中のニーズがあそぶ研修にあったからだと感じています。クライアントの声から課題を抜き出し、それを自分たちが最も楽しいと思うあそびと掛け合わせて商品を開発する、これが私たちの基本的な開発スタイルです。今日も社員たちと一緒にあそぶ研修をつくっています。そして、これからも企業や社会の課題を解決するサービスを生み出し、企業の未来づくりのお手伝いをしていきます。

そのためには私自身も会社も、もっと成長していかねばなりません。社員とともにクライアントと向き合い、学び、世界中のあらゆる人があそぶ機会、場所、仲間を生み出していきます。

最後になりましたが、本書を出版するにあたりご尽力いただいたすべての方々に感謝を申し上げます。

企業が社員とあそぶことがもっと当たり前になり、楽しく働く人が増え、あそびの価値がより高くなることを切に願って。

令和5年2月吉日
赤坂 大樹

著者自身もあそびやイベントには全力で参加している

赤坂 大樹（あかさか だいき）

2005年に株式会社キーエンスに入社、2012年に独立しデジタルマーケティング事業を主軸とする株式会社TearsSwitch（のちの株式会社IKUSA）を大阪にて創業。リアル合戦エンターテインメント「チャンバラ合戦」を事業化。その後株式会社JTBとの事業提携や岐阜県可児市との「可児市の乱」プロジェクトを実現。2018年「あそび」をビジネスソリューションとして提案・運営する会社、株式会社IKUSAに社名を変更、東京に本社を移す。合戦事業、運動会事業、謎解き宝探し事業、防災・SDGs事業、フードエンターテインメント事業など複数のあそび事業を擁する〝あそび総合カンパニー〟をビジョンに掲げ、「あそぶ研修」を開始。2020年コロナ禍で多数のイベントや研修が白紙になるなか、オンラインイベント事業を垂直立ち上げしV字回復。年間1000件以上のあそぶ研修・イベントを日本全国で展開、コロナ以前の約4倍の成長を遂げ現在も事業拡大中。

本書についての
ご意見・ご感想はコチラ

**エンゲージメントを高める**
**あそぶ社員研修のススメ**

二〇二三年二月一七日 第一刷発行

著　者 赤坂大樹
発行人 久保田貴幸
発行元 株式会社 幻冬舎メディアコンサルティング
〒一五一-〇〇五一 東京都渋谷区千駄ヶ谷四-九-七
電話 〇三-五四一一-六四四〇（編集）
発売元 株式会社 幻冬舎
〒一五一-〇〇五一 東京都渋谷区千駄ヶ谷四-九-七
電話 〇三-五四一一-六二二二（営業）
印刷・製本 中央精版印刷株式会社
装　丁 秋庭祐貴
装　画 赤倉綾香（ソラクモ制作室）

検印廃止

Printed in Japan ISBN 978-4-344-94155-7 C0034
幻冬舎メディアコンサルティングHP https://www.gentosha-mc.com/